これ一本で生きてやる！

特許取得の体当たり体験記

岡野戸仁

日本地域社会研究所

コミュニティ・ブックス

まるまるエコ楊枝
２本の太めの楊枝でしっかりと刺すことができるのが特徴（166ページに関連記事）

密閉収納器
開封した食品パックの開け口を折り返し、本体に差し込む。見た目もスッキリ、整理整頓。このまま冷蔵庫にストックできる

味噌取りマッシャー・使ってみそ
味噌だけでなく、卵の黄身と白身を簡単に取り分けられ、そのまま別の容器に移してかきまぜることができる（詳細は34ページ参照）。写真右下は姉妹品で小型の「まぜらー」

味噌取りマッシャー・使ってみそ

まぜらー

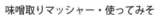

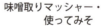

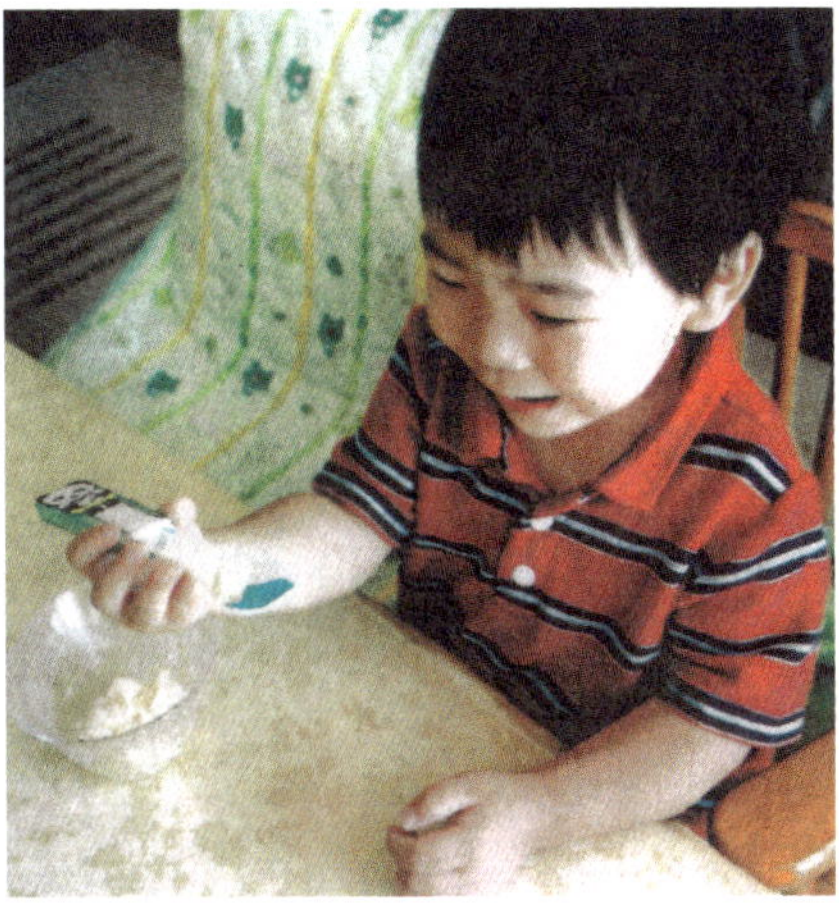

象(かたど)りランチセット
(詳細は 166 ページ参照)

赤ちゃんお立ち台

赤ちゃん靴下ネット
靴下１セットをネットに入れ洗濯。このまま乾かし、乾いたらタンスへ。片方が迷子になることがない

裏側は脚の上に置いても痛くないようクッション性の高い素材（詳細は 51 ページ参照）

ワンちゃん用浮き輪（詳細は 49 ページ参照）

駅弁・お土産 ON キャリー
大容量のバッグに設けた開口部に、キャリーケースのハンドルを差し込んでセットする。単独でエコバッグとしても使える（詳細は130 ページ参照）

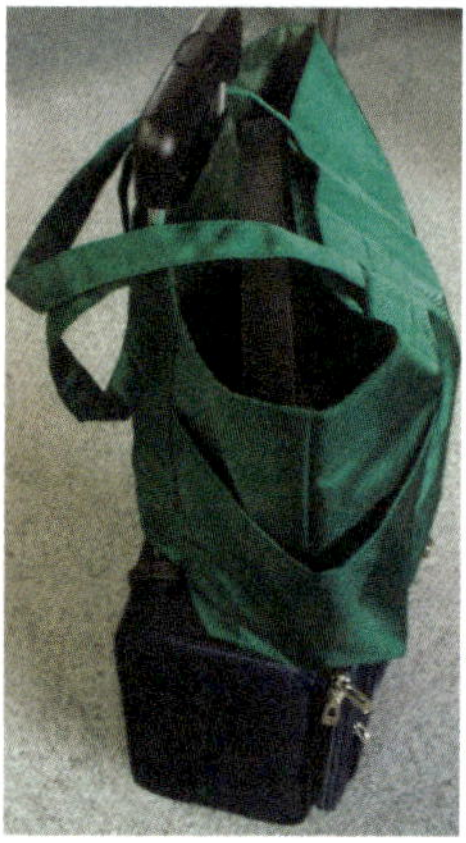

斜形帯体仕切り部付きバッグ
（名称は「Vバッグ」。詳細は 99 ページ参照）

うやうや式
名刺入れ
（詳細は 144 ページ参照）

今今式埋蔵金（詳細は 159 ページ参照）

「ちゃんと着けた？」姉妹型シート整理用の小物ファイル
「ちゃんと着けた？」（写真右）を応用した、カードや写真などの整理・保管用のクリアーケース（詳細は58ページ参照）

ちゃんと着けた？
IC カードを挟んで手に巻きつけて使う（詳細は53ページ参照）

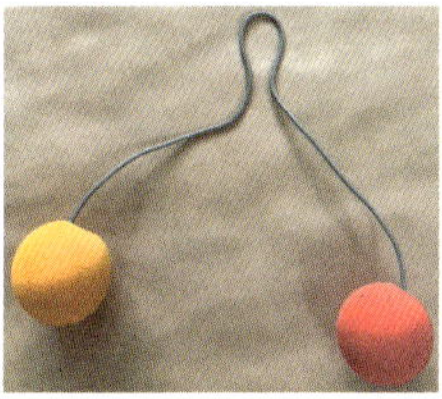

室内ハンガー
フック部から肩部にかけて弾性があるので衣類を掛けやすい。玉部はずり落ち防止

帽子整理具
かさばる帽子を重ねて整理・保管。型崩れする心配もない

カードツリー
（詳細は119ページ参照）

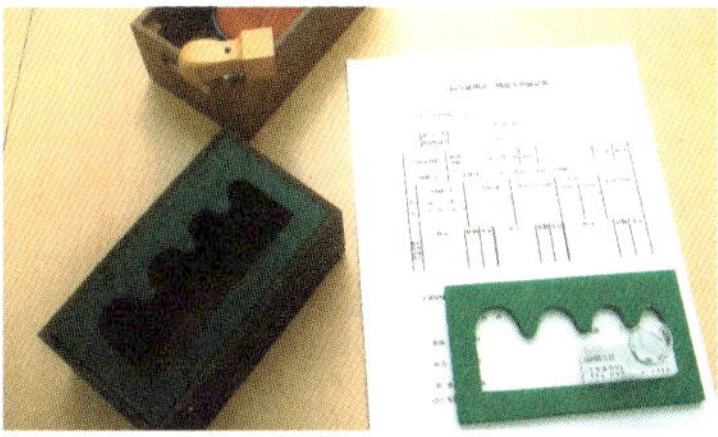

押印ガイドと印鑑ボックス
書類の上に押印ガイドを置き、ガイドに沿って押印すれば、ずれや歪みを防げる

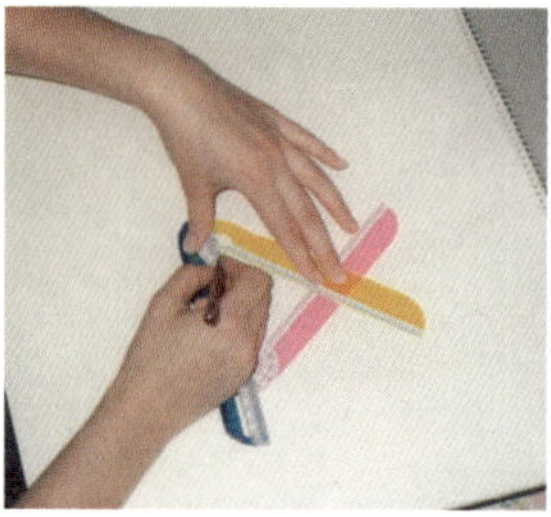

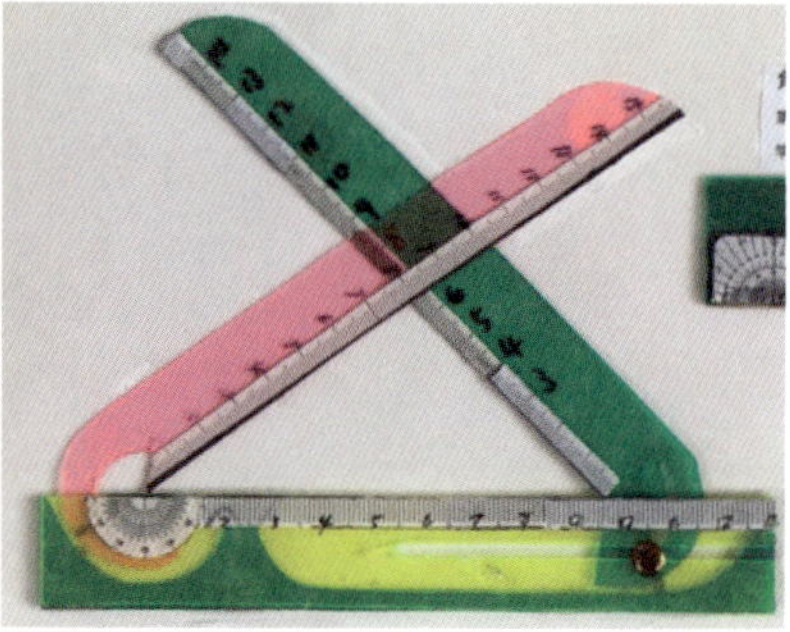

三角形形成表示具
「分スケ」（左ページ中央）の発想の基になった表示具（詳細は 43 ページ参照）

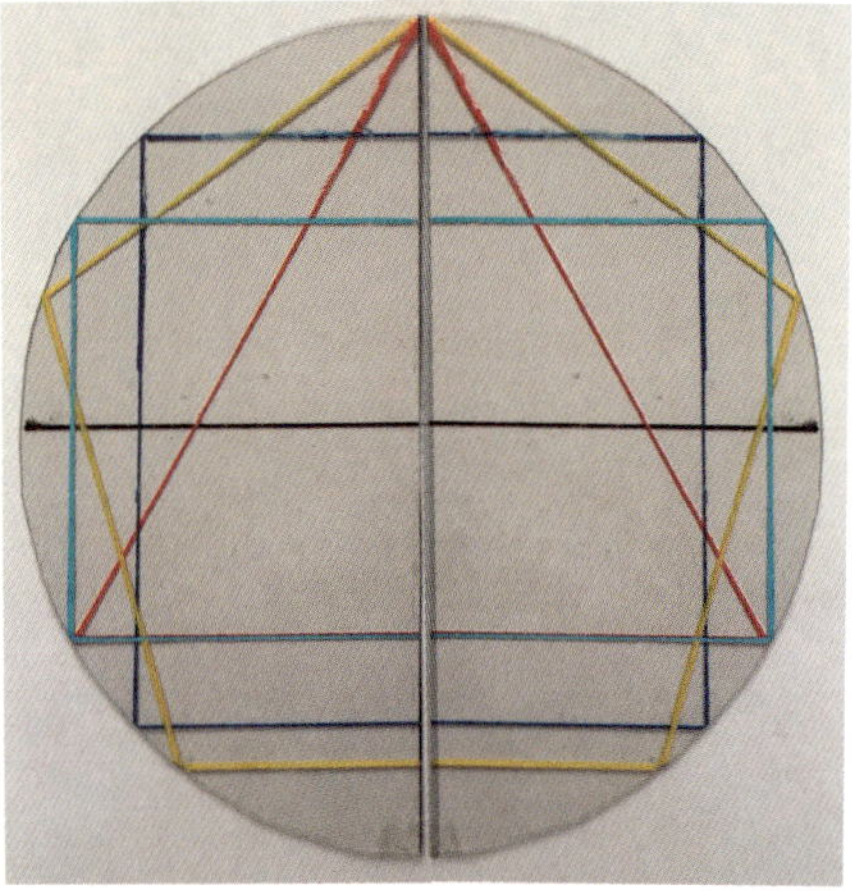

図形表示版
（詳細は 42 ページ参照）

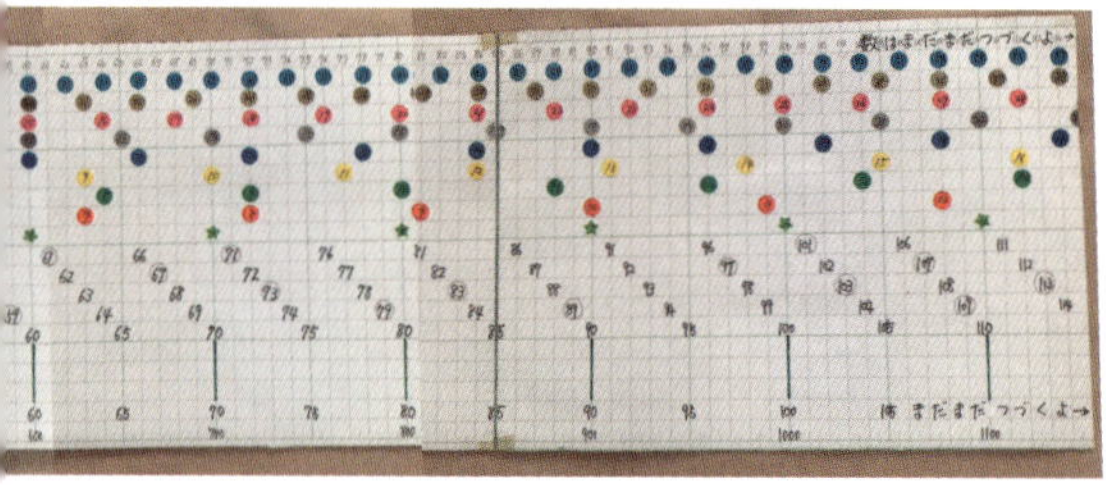

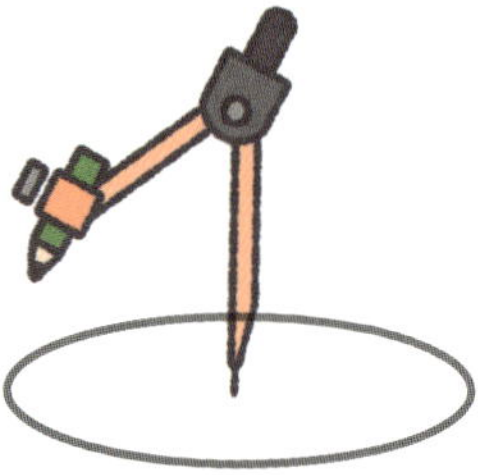

発明！ 学習用具

わり算かけ算たしひき算具
台に立てた数字棒にリングを通す。リングを重ねたり取り除いたりして、遊びながら数を理解する

- 3×5と5×3の違いは？
- 3＋3＋3＋3＋3は？
- 15÷3は？
- 3＋5の答えは、数字棒に重ねたリングの上に示される仕組み

分スケ（詳細は44ページ参照）

分スケマーク

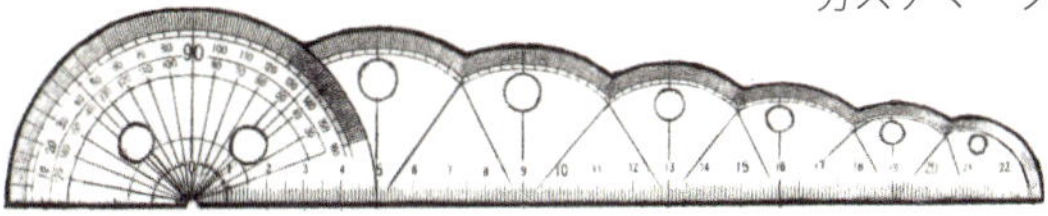

虫のスケ（詳細は48ページ参照）

等間隔表示器（スケール）
（詳細は92ページ参照）

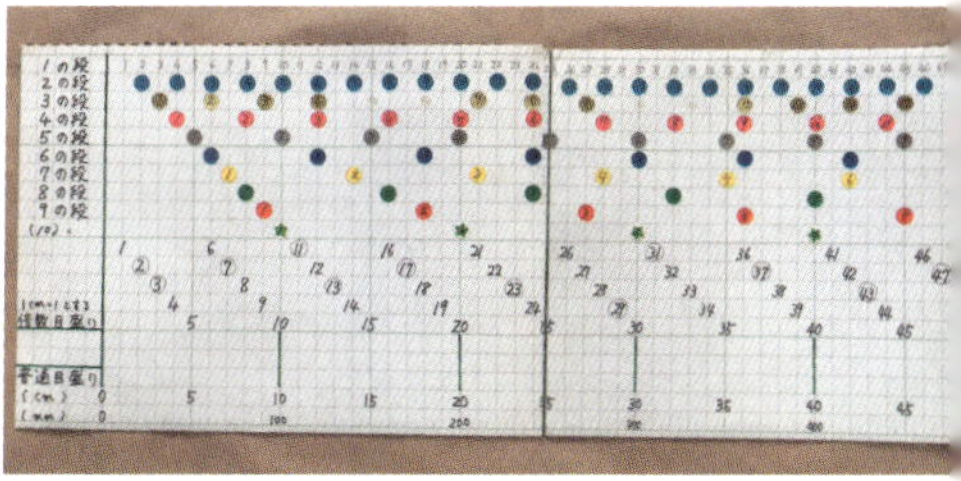

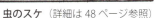

色とりどりの「マリリンなお尻」（２個型）は可愛いお尻形。食卓が俄然、楽しくなる

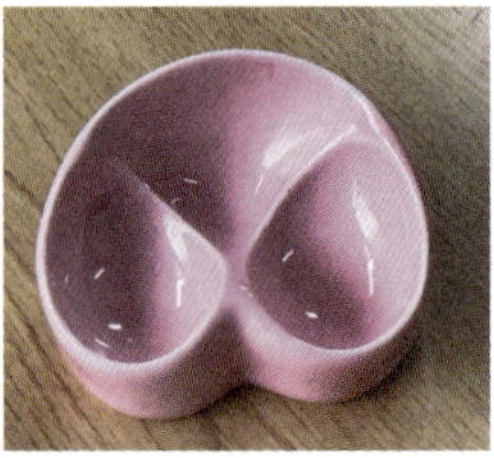

塩入れ付き２個型。ゆで卵２個を両側に、中央に塩を盛って使う

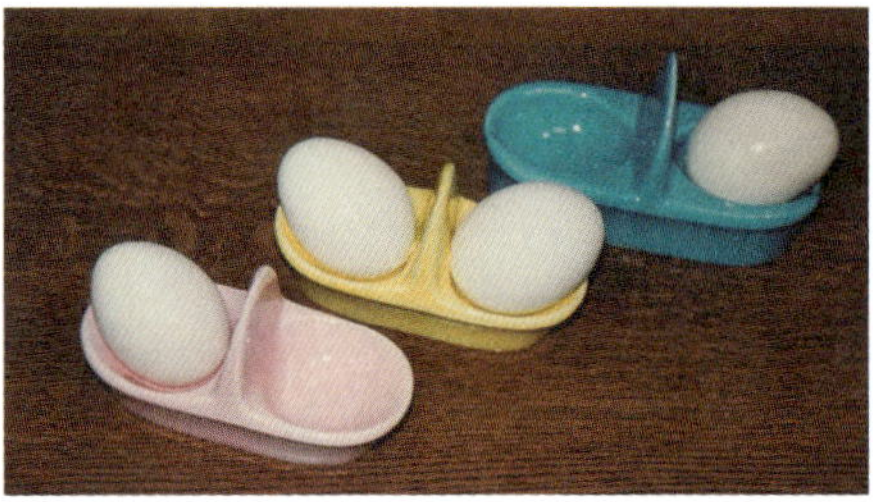

殻割りたまち

卵を山なりの突起部に当てて殻を割る。名称の「たまち」とは「卵置」のこと

「マリリンなお尻」と「殻割りたまち」の詳細は173ページ参照

とにかく、失敗の数々。私自身としてはすでに過去のことですから、取り返しは不可能です。ぜひぜひ、本書を読んでくださるみなさまに、私の取り損なった宝を取り返していただきたいと願います。この失敗の仕方に関して、みなさまの知恵をもって巧みに活用していただければ、必ずや本物の宝に蘇ると信じます。

これはお婆式のドン・キホーテの話です。かないそうもない陰の敵に挑む、あの話です。特許庁のドデカイ風車に挑みました。挑んでみたものの槍も鉄砲も粉々です。飛ばされ後ろにひっくり返り、転がって遠のく丸めの身体。それでもまた起き上がるのです。

「こんなアホなやり方をするのだな」と、あきれた方には優越感をプレゼント。「あるある」と同感していただける方には友情を。

私のやり方を反面教師として活用していただければ、私の失敗も少しは意味があったというものです。

この世界に踏み込むまでは、特許を取得できたら、お金の心配から解放されると思っていました。しかし、違ったのです。特許を取得するためにはお金が必要でした。権利を守りたければ、ずっと維持費を支払い続けなければならなかったのです。

それでも発明することには自然に入り込め、面白がることができました。自分の発想のレベルについては考えません。だって、冷静な大人の目で見れば、私のアイデアのほとんどは無意味で価値のないものです。それに気づいたら動きは止まります。立ち止まればそこは砂漠。だから見て見ぬふりをして突き進むのです。

アイデアを生み出すことは快感です。幼児は経済効果などを考えて遊んではいません。それを大人は優しい目で見、自由にさせています。そうです。自分は幼児。それをもう一人の大人の自分が優しい目で見守ればよいのです。……とはいえ、やはりお金を生まなければ、特許としては未完成ですね。

ここから先のお話は、不完全な知識での〝ご連絡〟と思ってください。実体験を基にしていますが、私の勝手な解釈もあるかと思いますので、奇妙なことを述べていましたら、ご叱責を賜りつつもご指導をお願いいたします。なお、登場人物、団体名は一部、仮名・仮称です。

特許出願のルールを私なりに会得し、特許庁からの拒絶理由通知書（※）に対する拒絶の仕方を知りました。もちろん、たくさんの失敗をしましたが、その失敗からたくさん、学ぶことができ、欲しい機能や形態を表現できるようになりました。

特許出願書類（※）の作成を苦手に思う人に参考にしていただければ幸いです。きらびやかな宇宙開発等に比べればあまりに小さく、地味な作品群ですが、悪しからず。

※拒絶理由通知書：特許にすることができないと判断された場合に、特許庁から通知されるもの。特許出願の際、特許要件を満たすものについては特許が付与されるが、特許要件を満たさない特許出願（拒絶理由を含む特許出願）は特許を受けることができず、拒絶査定という処分に付される。

※特許出願書類：特許申請するときに特許庁に提出する書類のこと。願書（特許願）、明細書、特許請求の範囲、必要な図面、要約書などを揃えて提出する。特許権成立までの流れは60ページ参照。

目次

＊本書は、2000年(平成12)頃から現在に至るまでの出来事を振り返りつつ綴ったものです。
＊本書で紹介する発明品の名称は、申請用の名称とは異なります。

第一章

お婆がマンションを買う

大失敗の「すくい具」

2014年2月13日

午前6時近く、車のラジオから唄が流れる。

「ハールよー、遠き春よー」

本当に遠き春だったなぁとの思いがこみ上げる。こみ上げ方も年相応に緩やかで時間がかかり、我ながらじれったい。涙も遅れぎみに滲み出た。

これから、マンションの引き渡しの場に出かける。3年前の3月11日、マグニチュード9・0という東日本大震災の凄まじい出来事があったが、我が家も影響を受け、これが貯金をはたいてのマンション購入のきっかけになった。

引き渡し場所は不動産会社から指定された物件近くの銀行。集合は午後1時だが家を早く出た。それは、その日にしなければならないことを最初にやっておかないと忘れてしまう自分の欠陥のせい。物忘れが進んだわけではなく、若い頃からそうだった。今はむしろ普通人レベルに近づいているが、一人暮らしで間違いなく生活するためには、これがベストなやり方だ。

離婚が成立して決意したことが三つある。

一つは、発明品が売れて、それを元手に60歳で自分の家を買うこと。二つめは、70歳で工学関係の大学院に入学すること。けれど実際にはお金は貯まらず、家を手に入れるのが10年遅れた。このままだと大学院入学は80歳になる。母は80歳までは山をほいほい登れるくらい元気だったが、そこから急に弱ってしまった。遺伝的に考えれば、残念ながら私が元気でいられるのはあと10年くらいか。

なぜ大学院にこだわるかというと、自分用の〝高級人参〟を目先に掲げなければ、生きる気力が出てこないからだ。

大学院入学の実行は無理そうなので、今、私が受け持っている団体の運営が大学院級のレベル、と解釈するように自分を仕向け、「だから大学院はもういい」、とする。

その団体とは、発明を勉強して、世の中に喜ばれる作品を作り出すことを目的とする女性発明家グループだ。同じような望みをもつ女性たちへの啓発活動も行なっている。発明で利益を得る人はほんの一握りだが、それを追い求める高齢女子軍団である。

私は発明に、学問としての満足できる意味深さを感じて、全身ですがっている。

噂によれば、特許の出願を弁理士に依頼すると、一作品について何十万円もの費用がかかり、その後も成功報酬料の支払いが続くらしい。私には考えられない金額。だから、ともかく「特許申請書」を自力で書けるようになることしか、特許取得の道はなかった。

何度か失敗しながら、機能的な見方や表現の仕方を理解してきた。また自然摂理からの新しい捉え方に気づくようにもなっている。際限のない学問の探究をしている気分である。そう思えば毎日がとても充実する。

発明が学問である限り、極限に達するまで追求を止めてはならない。試作品を作るにしても出費ばかりだが、学問には費用がかかるもの。だから、次々に特許を申請し、お金をかけてもよい。逆に言えば、学問に儲かるという単語は相応しくないのである。

ところで、決意したことの三つめは、自分のように心を病んだりして、気力の乏しい女性のための憩いの場を作ること。ただ、こちらのほうは決意というより願い。それができたら私の発明人生は完結する。

マンションの契約

指定された場所に早々と到着。近くのファミレスでコーヒーを飲み、次の発明作品の下絵を書き、特許申請文の直しをするが、午後一の約束が邪魔をして集中しにくい。集中すると約束を忘れてしまうかもしれない。

約束の時間。集まったのは司法書士、売主、売主側不動産会社が2人、銀行員、買い主側の不動産会社の面々。この全員が男性。名刺交換をし合っては私を囲んで席に座る。私側の不動産会社以外は初対面で、大きな無彩色の男達に囲まれ、なんだか私はびびっている。

耳に残る発明仲間たちからの、「すぐに法的手続きを取るのよ、その家を自分が持つまで安心しないの」、「まるで大根を買う感覚なのだから」、「しっかりするのよ、本当に心配でしょうがない」という言葉たちが、騙されているのかも、という不安を巻き起こす。

振り込みをしに、通帳を持って不動産会社とともに会議室を出た。手続きに時間がかかる。それはそうだ、大根じゃないものね。

記載数字が一桁少なくなって通帳が戻された。

「どうするのだろう、これからの生活」と、現実をちらり感じる。70歳になるとローンが使えず、全額キャッシュ払いにする方法しかなかった。

途中、勤め先からの電話が入って手間取り、不動産会社より遅れて会議室に戻った。入金が確かめられたからなのか、そこはすでに解散ムード。

売主に挨拶をし、「奥さまに渡してください」と、小さなプレゼントをした。私の発明品「味噌取りマッシャー・使ってみそ」（34ページ参照）と「分スケ」（44ページ参照）である。

30歳前後の夫婦がこのマンションを手放す理由は、「そろそろ転勤がある」ということだった。が、この辺は、「メルトダウンした原発からの放射能が流れ込んでいる」という噂の地域だったから、おそらく本当の理由はこれだと思った。子どもが生まれるだろう夫婦には、放射能はとくに怖いに違いない。

「自分は、今後、放射能に犯されたとしても老いてからの1、2年の命が減るのはどうってことないね」と我に尋ね、よくはないが、よしとした。

築6年、駅から3分。いずれ運転も無理になり、歩きもおぼつかなくなると考えると、駅近は嬉しい。

拒絶への無知な対応

「すくい具」

開発経緯

カレールーを鍋からすくうとき、具の量がたくさんあるときは気にならないが、問題は少なくなったときに起きる。

鍋の内側の壁や角にくっついたルーをすくうときにはスプーンに取り換えていたが、スプーンでもその場所のルーは取りにくかった。一本のすくい具で全部スキッとすくい取りたい。壁にしがみついている乾燥しかけたルーだって、同じルーなのだから。

寮母をしている友人が、煮魚を配るとき、「十数人分の受け皿に、まずフライ返しを使って煮魚を配り、後からお玉で大事な煮汁を注がなければならない。これが面倒」と話していた。この不便も同時に解決できないか。

構造・使い方・メリット

玉部の先端は鍋の側面内壁の曲がりに添い、玉部の裏側前半が鍋底上面に邪魔にならないように平板状で、かつ斜め前方に向けて突き出し、奥側を側面部や底面部を有する形状にする。

そうすれば、鍋底に残ったカレールーを楽にすくえる。また、煮魚も平たく突き出した箇所に載せることができ、同時に煮汁は奥の凹みに入る。

【フライ返し側面図】

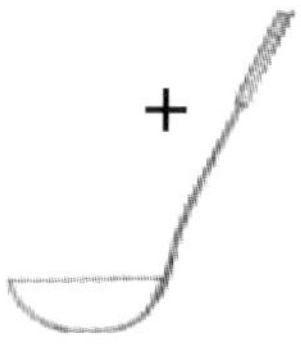

【お玉側面図】

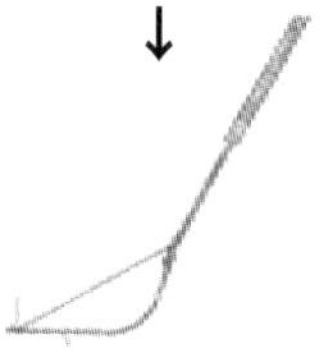

【本願すくい具側面図】

このすくい具で大失敗をした。

2004年（平成16）、特許庁に「特許願」を送り、次に「出願審査請求書」（※）を提出した。しばらくすると、特許庁から「拒絶理由通知書」が届いた。書面には、「すくい具」の特許が認められない理由が書かれていた。

通常、「拒絶理由通知書」が届けば、提出した「特許願」に記した「請求項」（その発明品の構成や仕組み）を書き直して、「手続補正書」や「意見書」を提出することができる。私も請求項2の内容を請求項1に加えるなどして書き直すべきだったが、そのときは「意見書」だけを提出した。

なぜ、きちんと「手続補正書」を書いて反論しなかったかというと、「拒絶理由通知書」に対する法的ルールを知らなかったことと、拒絶理由に合点がいかなかったことの二つが原因だ。普通ならば二度程度の「拒絶理由通知書」が届く流れだが、一度の拒絶理由通知書が届いただけで、突然、拒絶査定となった。前面部と底面部を有するお玉の本願（※）＝私が提出した特許願に対して、示された先願（※）は、前面部か底面部のどちらかのないターナー（フライ返し）だった。これが特許庁を説得できる大事なポイントだった。

このときに無料で指導していただける知財総合支援窓口を訪ねるべきだったと、今になって後悔している。だが、当時は特許取得までの内容的な仕組みがわかっていないから、大事なことがわからない、質問すべきことも思いつかない。工夫もできない。またそんな有り難い場所があることなど知らなかった。

一番いけないのは自分の性格で、自分に自信がないくせに、理解していないことに気づかな

※出願審査請求書：出願した特許について、権利化できるかどうか、特許庁に審査を申請する書類のこと。特許は出願しただけでは審査されないので、この「出願審査請求書」を提出することが必須になる。

※本願：特許出願人が特許庁に提出した特許出願のこと。

※先願：同一の発明について二つ以上の特許出願があった場合、最も先に特許出願をした人、またはその発明のことで、最先に出願した人が特許を受けることができる（先願主義）。

いまま自分が前面に出る。思い込みが激しい。独り善がり、素直ではない。こんな我が気質に翻弄される。生きにくい。

そのため肝に銘じるようになったのは、

◎素直な自分へと律する能力を、自分で育てる必要がある。

ということ。それでも、

◎自分は賢くないと、己を全否定することはない。

今現在の立ち位置を正しく知って、そこから素直な心で出発すればいい、ということ。

「拒絶査定不服審判」事件

わずかな違い

「すくい具」が拒絶査定を受けた後、「審判請求書」(※)を提出したが、拒絶査定は覆らなかった。次は拒絶査定不服審判(※)へ。ひたすら納得したくて、特許庁の手続きルールに従ってベルトコンベア式に動いたが、気づくと訴訟も起こしたことになっていた。

用意するべき書類に記された「訴状」という言葉にびびり、「被告」「原告」という言葉にびびり、殺人でも犯して罰せられるような、生まれて初めての脅威の感覚に打ちのめされた。

被告側（特許庁）と裁判所側は男性ばかり4人。一方、原告はお婆一人。頑張るしかない。ところが面接日当日は風邪をひいて、頭も体も絶不調。

実はこの間、被告側から何度も面接日変更の通知が届いて、面接日が延び延びになっていた。書類提出から時間が経っていたことと、緊張と風邪で頭がボーッとしていたことから、原告である私は訴状に何を書いたか思い出せない部分もあった。すると被告側から「本当に一人で書いたというなら、わかるでしょう」と言われる始末。こんなことなら私も面接日を変更してもらえばよかったのだ。お上からの命令は動かせないと思い込んでいたので、こちら側が変更してよいとは考えもしなかった。

裁判当日には、見学者が数人入室してきた。恥ずかしいが避けようがない。

「意見がありますか」と尋ねられ、「ありません」と答えた。だって、しっかり訴状に書いたから。今思えば、このとき訴状に書いた事柄を声に出して言えばよかったのだろう。そして、「すぐに拒絶査定になったから、もう一回分書かせてよ。そうしたら請求項1を外して書くので」

※審判請求書：拒絶査定について、特許出願人が特許庁に不服を申し立てるための手続き。
※拒絶査定不服審判：拒絶査定を受けた特許出願人が、特許庁に不服を申し立てる審判手続き。

と言えればよかった。

裁判所の窓口の世話人から、「結果は後で送られてくる」と知らされた。「NGでももう一度チャンスがある」とも聞いたので、「NGなら再アタックする」と言うと、その場で「もう止めなさい」と言われた。お婆が馬鹿にされながら挑戦している姿に、目も当てられなかったのかなと解釈。その気持ちを有り難く思うべきと思った。

後日、NGが届いた。裁判などというものに対してルールも何も知らない人間が、自分の理解したい気持ちだけで立ち向かっても勝ち戦にはならない。やはり私の気質が災いしたか。世話人の気持ちを尊重し、味方のアドバイスとして受け取り、これで終わりにすることにした。


ただ、どう考えても残念なので、取得したかった「すくい具」の特徴をもつさまざまな意匠について「意匠登録願」(※)を申請してみた。たとえば、玉部の裏側前半が平板状で斜め前方に突き出し、側面部と底面部を有する形状のものなどだ(27ページの図参照)。すると、なぜかNGを言い渡されることなく、つぎつぎに取るわ取れるわ。これだけ意匠登録が取得できたということは、特許は取得可能であったと想像できる。

この、後悔のような、モヤモヤとした複雑な感情は、令和になってもいまだくすぶっていて、意匠権を取得するための申請を続けている。

◎ここで学ぶべきは、わずかな違いで意匠の権利が取得できる、即《すなわ》ち、それは他人に取得されてしまうということでもある。

意匠作品の名称「カレールー用のお玉」を基本形とすると、「調理用杓子《しゃくし》」と「堰《せき》止め孔《あな》つき蓮華《れんげ》」は、穴の有無の相違。「飲食用スプーン」と「一組の飲食用のすくい具」は、装飾的箇所の有無の相違。「灰汁取り兼用、煮魚お玉」は、取っ手部の違いと穴の有無の相違。「スプーン」は、取っ手部に関する部分意匠での相違。「交差状の取っ手部付き凹み状のしゃもじ」は、取っ手部の相違である。

「意匠登録１４７６００１号」（一組の飲食用のナイフ、フォーク及びスプーン）について補足すると、５個それぞれのほかに、５個をセット状態にした分を1個として、６種類についての六面図（※）を描く必要があった。27ページの図はその内の一部分である。

※意匠登録願:意匠とは、物品や建築物、画像などの形状、模様、色、配置などについて加える装飾上の工夫（デザイン）のことで、意匠登録願とは、意匠権を取るために特許庁に登録する手続きのこと。

※六面図：意匠登録を受けようとする際、意匠を明確に表すために作成する図で、正投影図法を用い、それぞれ同一縮尺で作成した正面図、背面図、左側面図、右側面図、平面図、および底面図を記載する。

その後の話になるが、拒絶された「すくい具」を、「煮魚お玉」の名称で別の特許として再挑戦をした。

審査請求をした結果、拒絶された自作の「すくい具」を先願とする拒絶が届いた。が、「審判請求書」は提出しなかった。この矛盾を糺《ただ》したい気持ちと訴訟の書類準備の大変さを天秤にかければ、一人で闘う気力はこのとき出てこなかった。それに、先願として示されたのは自作であり、各種の形態で意匠が登録査定（※）されていたことも提出しなかった理由である。

意匠の登録分と、拒絶査定であっても失効していても、特許庁に記録されたのだから、自作証明はこれで十分ではないのか。少なくともこれから申請される同じ考案は許可されず、私が造ることは可能なはず。ただし、特許が認められたわけではなく、あくまで意匠の登録査定なので、私の失敗した「すくい具」のように、図を少し変えれば他の人の意匠登録が可能であり、他の人にも作れることになるのだ。

これまで手探りで取得してきたたくさんの取得意匠は維持費が続かず、今は2種の形態だけ

※ 登録査定：審査の結果、「登録を許可する」という意味の通知のこと。登録されたわけではないので特許権は発生しない。権利化するためには登録査定後の一定期間内に手続きをとる必要がある。

●一組の飲食用のナイフ、フォーク及びスプーンより
意匠登録 1476001 号
平成 27 年 1 月

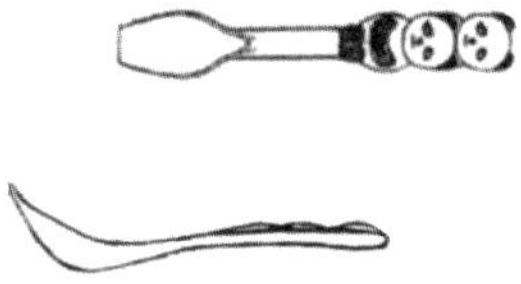

●灰汁取り兼用、煮魚用お玉
意匠登録 1419161 号
平成 23 年 6 月

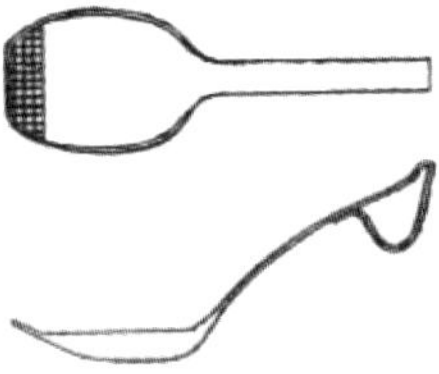

●スプーン
意匠登録 1422664 号
平成 23 年 8 月

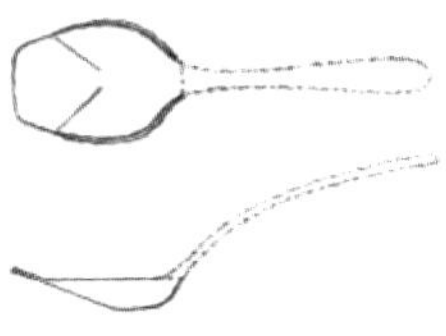

●交差状の取っ手部付き凹み状のしゃもじ
意匠登録 1640171 号
令和 1 年

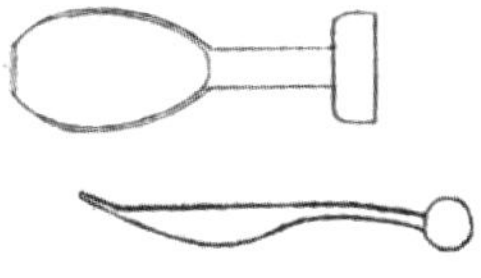

●カレールーのお玉
意匠登録 1516760 号
平成 27 年 1 月

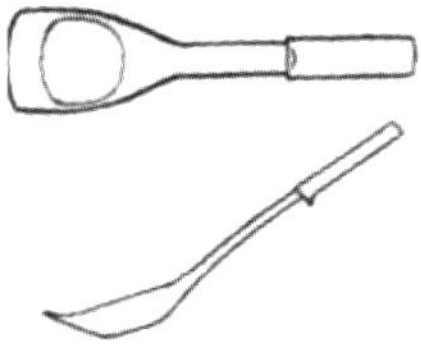

●調理用杓子
意匠登録 1408688 号
平成 23 年 2 月

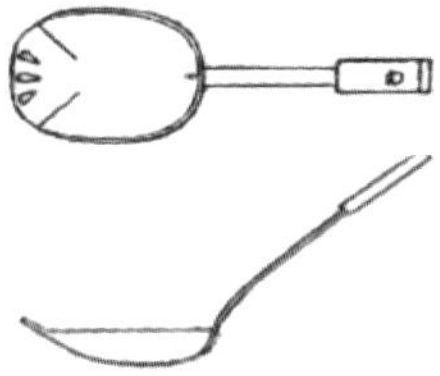

●堰止め孔つき蓮華
意匠登録 1507021 号
平成 26 年 8 月

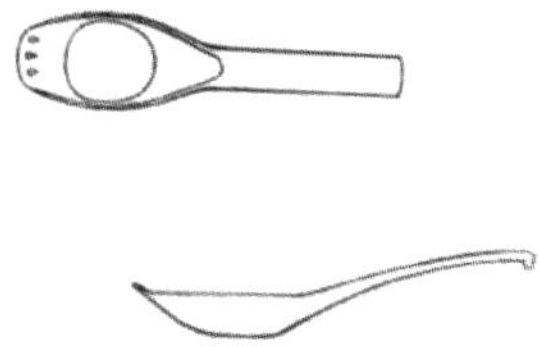

●飲食用スプーン
意匠登録 1408687 号
平成 23 年 3 月

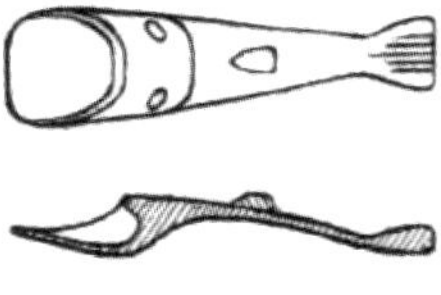

を活かしている。あとは割安な文化庁への著作権（※）の申請を考えている。このときふと思ったのだが、もしかしたら、特許情報プラットフォーム（※）に意匠のみならず特許についても掲載されることで即、著作権が発生することになるのではないか、ということ。実際、どうなのだろう――。

私としてはとても知りたいところだが、これについてはまだ結論が言える体験がない。

切なる願い

裁判のときに用意した「準備書面（※）第1回」のまとめに、「原告その他の発明者の、未熟かもしれない申請書への愛情を望む」と書き添えた。

これが特許情報プラットフォームの経過情報照会箇所に掲載されているだろうと思って検索したが、特許庁側からのNGの言葉しか探せなかった。手元にある私の準備書面のコピーから一部をピックアップする。

「否定のみに動かず、日本国へ特許権利が留まるように計らって頂きたい。必死に本願を否定にかかっている感が否めない。本願並びに他発明者の申請内容を大事にし、育成しつつ権利を与える方向で指導して頂きたい」と、訴えた。

その後から、拒絶の連絡があったときに、「こんなふうに表現すれば特許取得が可能になります」という例文が示されるようになった気がするが。果たして私の願いが届いたかどうか。

意匠の申請

「すくい具」で、特許申請の後に意匠登録を申請したら取得できたという経験から、私は特許申請後、請求項記載範囲での一番必要な形態を、必ず意匠として申請することにしている。

「味噌取りマッシャー・使ってみそ」（34ページ参照）の商品化を受けてくださった下村工業さんにも、「特許だけだと不安なので、意匠も提出しておいてね」と言われた。特許は発明を保護するだけで、特許出願人以外の誰かが、同様の形状やデザインを思いついて意匠を申請し

※著作権：文芸、学術、美術、音楽など思想や感情を創作的に表現したものを保護するための権利。特許庁などに手続きをする必要はない。著作権があれば自身の著作物の利用を独占することができ、第三者が無断でその著作物を利用することを排除できる。

※特許情報プラットフォーム：独立行政法人工業所有権情報・研修館提供の検索システム（J-Plat Pat)。研究開発動向や技術動向の把握に役立つ特許、実用新案、意匠、商標などに関する情報を無料で検索できる。これから書こうとする知財部分の先願があるかどうかチェックするのに役立つ。申請日も表示されるが、申請後一年半後に開示されるため、その間に先願されていることもある。

※準備書面：訴訟当事者が口頭弁論で陳述する内容を記載して裁判所へ提出し、相手方に送達しておく書面のこと。

たら取得できてしまう可能性があるわけだ。特許申請だけでは十分ではないことを知った。

現に今、トラブルに巻き込まれている知人がいる。商品として完璧な物に仕上げたいので発売まで時間がかかる。審査請求までに3年という猶予期間があるからと安心していたら、その間に誰かが意匠を取り、商品化して、すでに販売が始まっていた。

それに気づいて弁理士とともに申し出たが、先に出した特許内容が波及しているとした部分が、後から申請した意匠の権利を犯していると、相手側の弁理士から指摘されたそうだ。

軍配がどちらに上がるにせよ、本人にとっては無駄な費用、無駄な時間、無駄なエネルギーを消耗する出来事になってしまっている。


私は後輩にあたる人たちに対して、発言のチャンスがあるたびに、「すくい具」での大失敗を伝える。同時に、特許申請後に、意匠も申請することを勧めている。

意匠はその形に限定され、また限定していなければ許可されない。特許では斜視図でかまわないが、意匠ではそうはいかない。ともかく、絶対必要と思われる形態については、完全に細部まで描き込んでおく。そうすれば特許に立ち向かうことも可能だ。特許のほうが上位といわれているが、必ずしもそうとはいえない。先述の例もあるので、費用はかかるが特許申請後に意匠も申請するのが賢明である。

仲間の一人は、意匠に限定して、「弁理士さんに完全に網羅できた意匠を書いていただいた」と話している。その器具はコロナ禍時代から不可欠なグッズとなり、バンバン売っている、売れている。「注文が多くて」と、嬉しい悲鳴をあげている。

拒絶を拒絶

特許庁から届いた拒絶内容を、素直な気持ちで読めば、「そりゃそうだ」と思う箇所と、「そりゃ違うよ」と思う箇所の整理ができ、「補正書」も「意見書」も書けるようになる。今では特許庁からの拒絶を拒絶することもできるようになった。

たとえ、権利部分が減ったとしても、特許が取得できなくても、意匠が登録査定されていれば、「まっ、いいか」と思えることもある。

◎口を開けて待っていてはいけない。
◎自分を助ける人もチャンスも転がっていないという覚悟を。
◎一番わかっているのは発想した自分。自分がしっかりしなくて誰が？
◎審査する側は、自分の脳内模様を紙面から初めて覗くのだと心得て対処すべき。

とはいえ、この過程は苦痛。まずは特許庁からの封書を開封するのが嫌で仕方がない。こんなとき、「ねえ、あなた、開けて」なんて、誰かに甘えられるものなら。

特許庁さんには、できることなら封書を開ける前に結果を判別できる方法に変えていただきたい。たとえば、封書の色の種類で伝えるとか、外にドカンと「拒絶」の押印とか、またはその他の方法で。特許庁さん、その点をよろしく……。

だいたい、「拒絶」という言葉はきつ過ぎませんか。「未完成理由」、「一考必要」などの言葉はどうですか？　毎回、「拒絶」という漢字を目にするたびに脳の働きが停止する。感情を刺激する生々しい言葉なので、胸にまで傷が生じる。だから、私は締め切り日だけを確認しておいて、しばらく放っておくことにしている。ただし、引用文献を提示されているので、一人では検索が完全にできない場合もあるので、これを取り出して用意をしておかなければならない。

時が経つにつれて、だんだんにショックが薄れ、脳に血液が蘇り、傷口も塞がってくる。

私のやり方としては、「拒絶理由通知書」に記載されている締め切り10日前には開始する。

そして、

①まず、拒絶理由の内容に直接かかわらない紙面を破棄し、焦点をしぼる。

②翌日は、残った1枚目の上半分を理解し、その範囲での意見書を作成する。

③翌々日は、1枚目の下半分を読み、その範囲での意見書を作成する。
④毎回必ず、自分の文を最初から目を通して、続きを書き込む。

こうすることで、前日よりもより良い言葉に気づくこともあり、一部を変えるほうがよいこともある。後から気づいたことを前側に置くほうが筋の通りが良くなれば、前後をひっくり返す。そのため毎回、初めから読み直す。そうしてだんだんに増やして完成へ。半ページ程度の進度を目安にする。

もちろん、特許庁から示された拒絶理由引用文献との酷似に納得できたら、潔く自分の出願分を廃棄することも大切である。そして次のより優れたアイデアに切り替えればよい。

「すくい具」では大きな失敗を経験した。しかし、それがあって対処する術も私なりに身に着けた。とくに見落としがちな小さな形状に敏感になった気がする。

企業による商品化

「味噌取りマッシャー・使ってみそ」

開発経緯

テレビを点け、椅子に座り半分眠りかけていた昼食後。テレビの中の白い帽子と白い服の人が奇妙な動きをするので目が覚めた。その調理師の右腕がレ点を描いたからだ。プロ用の大きな泡立て器で何をしている？　普通は、円を描く攪拌でしょ。テーブルの上には大きなトレイと、その中には味噌。

調理師は泡立て器のワイヤーが交差している先端を避けて、膨らみが一番大きいところで味噌を引っかけてすくっていた。

「味噌は泡立て器でヒッカケられるのだあ！」

私はすぐに立ち上がり、手持ちの泡立て器の交差したワイヤーの根元の片側をプツプツ切った。ワイヤーには曲がり癖がついていて、思うように平行に並べられず、無理やり紐でループの端を取っ手部に縛りつけた。それでも味噌はくっついた。

「味噌ならクッツクのだあ！」

続けて自分の手で楽に曲げられる程度のワイヤーを購入し、ループを作り平行に並べた。するとワイヤーの中に一つの空間ができ、突き刺してくるりと回せば、その空間に味噌が鎮座したのだ。

「味噌はチンザするのだあ！」

今まで泡立て用の器具は先端が交差しているもの、と思い込んでいた。別に交差していなくても泡立てられることに気づくべきだったのだ。しかし、私は思い込みが激しく、試験問題を無視して自分で問題を作って答えを間違うタイプ。当然、素直ではなくて身勝手だから気づくことがなかった。

この発明の特許が取得できた、ということは、それまで気づいた人がいなかったともいえるわけで、これは思い込んでしまうのは私だけではないということである。

◎発明人にとって思い込みは大変な邪魔癖。取り外す術を習得すべき。

◎常に凝り固まった脳をほぐし、柔軟状態にしておく意識を。

構造・使い方・メリット

泡立て力はワイヤー数にかかわるので、同じ本数ならば従来の泡立て器同様に泡立てができる。先端側の玉部を刺し込んで回せば、味噌はループの作る空間に入り、突き刺すことで味噌の塊はすでに切断されているので、揺らせば楽に崩れていく。ひき肉の塊も突き刺したり潰したりしながら全体を混ぜれば、餃子の餡を手早く作れる。ジャガイモも潰せる。洗いやすい。

最先端の頂点が一点ではなくワイヤーの数だけあるので、卵がヌルっと逃げることなく、一度で潰すことができる。従来品の泡立て器のループ最先端の頂点は一点なので潰し損ねやすい。

【正面図】

【背面図】

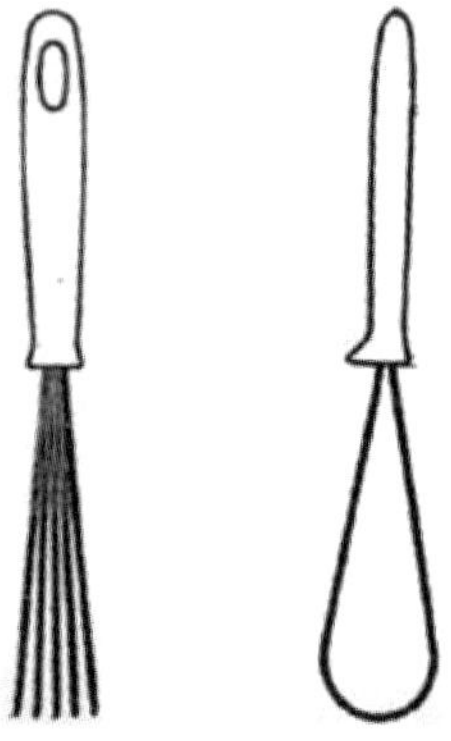

特許第3608072号

〈商品審査で類似品とされた外国製品二種〉

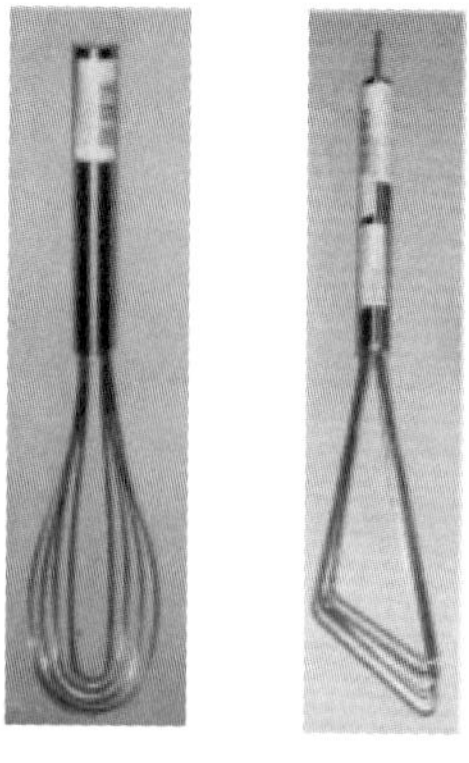

また、従来の泡立て器のように、玉部全体が同じ形ではなく両端部が角部になってエッジが効くので、残り少ない味噌を、味噌容器の壁沿いにかき取ることができる。ループ下端が角張っているので、四角い味噌の容器の隅まで届きやすい。割った卵をループの空間にすくってブランコのような向きで一度動かせば、卵の黄身だけ取り出すことができる。時短で万能。

放送される側の心構え

「味噌取りマッシャー・使ってみそ」は、「女性アイデア研究会」という女性発明家グループのコンクールに応募し、中位に入賞した。日本テレビの「おもいッきりテレビ」という番組のディレクターさんが、入賞作品から何点かを選び、選ばれた作品の作者仲間とともに、私もこの番組に出演することになった。２００１年（平成13）ころだったと思う。

ディレクターさんに認められた時期は、まだマッシャーの長さなども手探り状態で、それが気がかりだったので、出演が決まったとき、「これでかまわないですか」と質問した。すると、「本当に味噌が取れることを証明できるように、視聴者が満足するように、用意すればいいと思います」と言われた。このとき、それまで柔和な顔つきだったディレクターさんの目の光り具合が変わったことに気づいた。

気を引き締め、より硬めのワイヤーや、取っ手部の部品を改めて探し直し、業者に頼み、見栄えを良くした。理想の長さを私なりに探った。

放送に携わる方々は、視聴率を念頭に置きながら、日々、企画し闘っている。こちらも真剣な気持ちで臨まなければ失礼だ。

ワイヤー５本タイプの**「味噌取りマッシャー・使ってみそ」**

放送は、私がワイヤーを筒体に引っ掛けて曲げるところから始まり、次はＭＣのみのもんたさんが実際に味噌を取るという流れ。本番前、みのさんから「僕がまずやるのでね。だけど上手にできないだろうから、貴方は『私がやります』と言って、僕と代わってやるんだよ」と言われてスタンバイしていた。

そして本番。味噌容器に、初めて「味噌取りマッシャー・使ってみそ」を刺し込んだみのさんだけれども、溶かすまで楽々とできてしまった。それもそのはず、もともと、この発明品は味噌の取り方、溶かし方に、特別な技が必要な器具ではなかった。

このときのビデオを、下村工業さんに送った。下村工業さんにアタックするのはこれが二度目だ。一度目は「味噌取り器はすでに作っているから」と断られていた。

企業に対しアイデアの提案書を送るときは、返信用封筒を同封しているのだが、返事が返らないことが多い。こんな中で、下村工業さんからは必ず返事があり、断り方の言葉には誠実なものが感じられた。発明の先輩からも、「この企業は誠実」という評判を聞いて、再度、連絡したのだ。

「これはマッシャーの力のほうが強い器具だね」という返事があり、「しばらく待っていてね。実験するから」という言葉が添えられていた。

開発企業について「やはりプロは違う」と思った。それは、ワイヤーの曲げ方について、私が作ったのは自然に曲がっただけのループでしかなかったが、「容器の角部からも味噌が取れるように、腕を張ったような角張った曲げ方にした」ことである。

◎動かない書類よりも、動いて機能の伝わるビデオは、遥かに有効だ。

下村工業さんは、一般社団法人発明学会の協賛企業なので、同学会の会報誌「発明ライフ」の2002年（平成14）2月1日号で「味噌取りマッシャー・使ってみそ」が紹介された。その後も続けてさまざまな雑誌に掲載された。

２０２０年（令和２）12月16日にも、テレビ埼玉の「マチコミ」という番組に出演のチャンスがあった。

このとき、ＭＣのデビット伊東さんに、「夢うつつのとき、あなたは白い服の女神さんに逢えたってことだね」と言われた。

それに対して、「うん、うん、そうです」と、素直に頷いた。

この作品の弱点は、丈夫で長持ちするので一本あれば十分だから、買い替えてもらえないことだ。先輩に「消耗品がいいのよ」と助言される。その先輩は口の中を掃除するという紙素材の製品を販売している。確かに。

特許庁から拒絶理由通知書が届いたときには、すでに下村工業さんで商品化されていたので、商品持参で面接を受けた。「業者が認めたのだね」という言葉があった。

◎**企業が認めた実体があることは強みだ。**

販路と販売ルール

女性アイデア研究会のコンクールでは入賞したけれど、同会の商品審査では、「類似品がある」

という理由で不合格となり、「味噌取りマッシャー・使ってみそ」は、Aデパートの常設売り場では販売が許されなかった。ならば類似品があるのに、コンクールで入賞させていたことになるのだが。すでに意匠は登録査定されていた。

その後、特許が取得できたとき、アレっと思った。類似品があって特許が取れるはずはない。女性アイデア研究会に連絡すると、「一度落選した作品は、再審査できないというルールになっている」という。ルールなら仕方がなかった。

Aデパートでのコンクールの表彰式を待つ間、先輩方の商品を見ているとき、会長さんに、「なぜ、あなたは皆さまとご一緒にお売りにならないの?」と尋ねられた。「商品審査で落選したので、販売できないのですぅ」と、口を尖らせて答えた。

会長さんは、「それじゃあ、デパートさんのほうで何とかしていただきましょうよ。立派な作品ですから」と言って、Aデパートのキッチン用品担当者に依頼してくださった。

結局、会長さんの率いる、女性アイデア研究会の売り場での販売が許された。

取材に来た外国向けの通信社で、この「味噌取りマッシャー・使ってみそ」が紹介されたそうだ。期待が膨らんだ。

「多目的三角定規」／「図形表示版」

開発経緯

私が中学校の講師を務めていたときのこと。三角形の内角の和が１８０度であることを示すための指導方法が、自分の子ども時代とまったく変わっていないことに気づいた。指導書には、三角形の角部を切り離して三つの角部を合わせて並べ、ラインが一直線状になることを確かめさせ、それで１８０度であることを納得させる方法が示されていた。

「初めから三角定規の角それぞれに角度数値を記載すれば、数字的に明確なのに」と思った。これがきっかけとなり、「多目的三角定規」と「図形表示版」を思いついた。この二つの教習具は、学習研究社で商品化された。

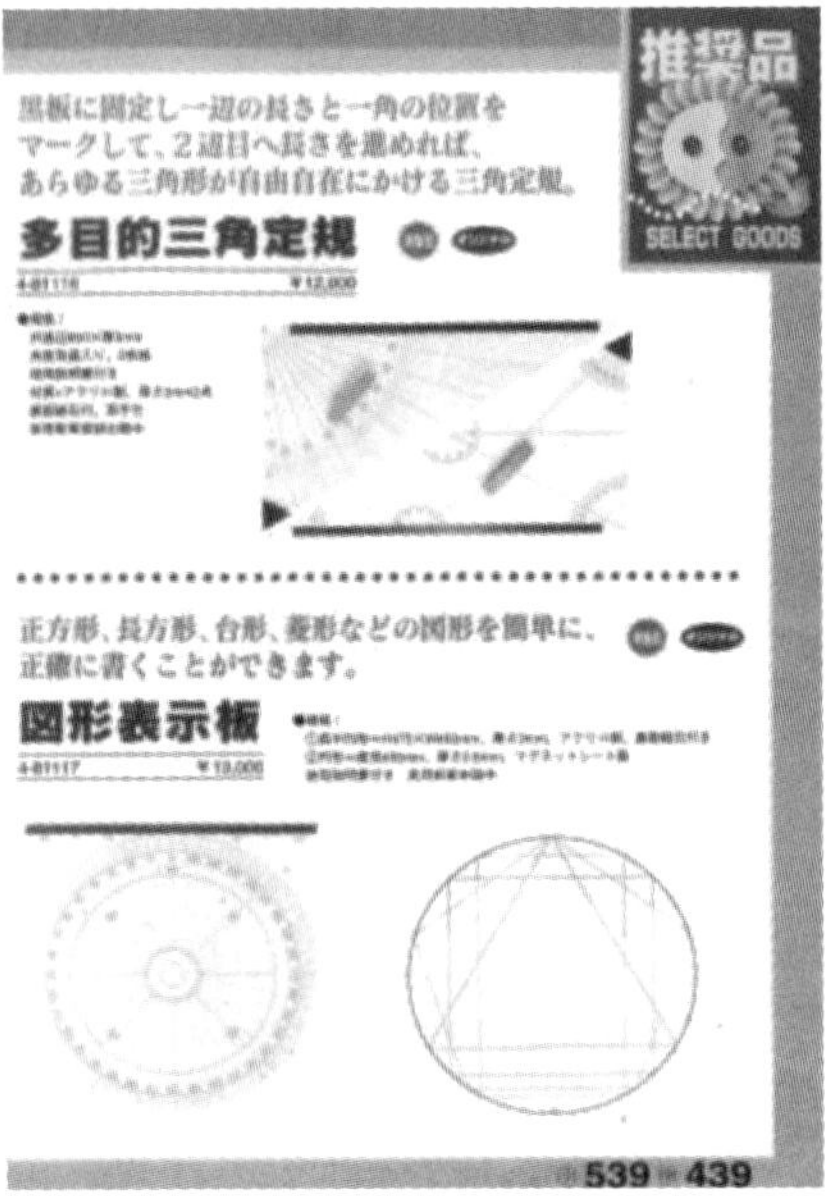

※当教材カタログは廃刊となり、掲載商品の販売も終了しました

自力商品開発・「分スケ」

形がすぐに決まった「味噌取りマッシャー・使ってみそ」とは異なり、「分スケ」の場合は完成形に辿り着くまでには、紆余曲折があった。

「三角形形成表示具」

開発経緯

当時は、パソコンなどでの指導はなく、これから図形を学ぶ中学二年生の生徒たちを楽しませながら理解させるような器具はとくになかった。三角形を自由に作れたら楽しくなる気がした。どんな角度の場合でも、三角形の内角の和が１８０度になることを確認させるには、自由に三角形が作れてそのときの角度が示されることだ。

三枚のスケールを組み合わせると、内側に空間での三角形ＡＢＣができる。第一線箇所と第二線箇所用の二枚のスケールを重ねて回転させると、Ｂ点とする交差箇所の０センチメートル位置と０度位置はズルズルと移動する。留め方に工夫が必要だった。

Ｃ点のほうはどうするか。底辺の長さは自由に選択できるように動かなければならない箇所

特許第3716464号

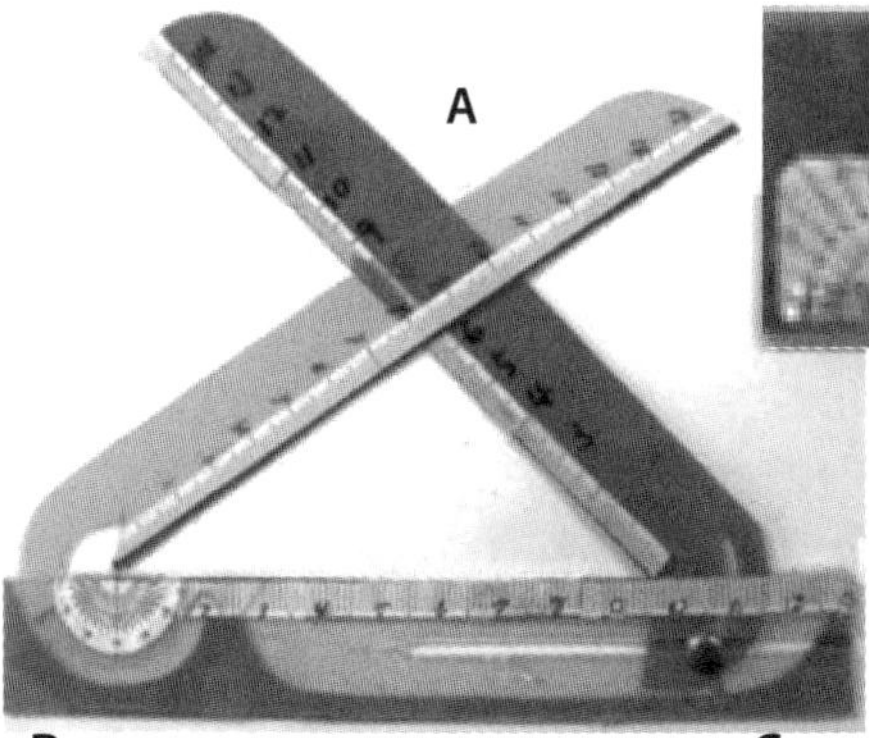

「三角形形成表示具」

角度計測器　第3角目を計測する学習時に使用する

⬅この部分が可動域

だから、はて。底辺部のスケールを二重にして、この間を右辺スケールが動く形にしよう。

生徒たちの前で試作品を披露したが、右辺スケールを移動させるときに落ちて、「出来損ないだぁ」と笑われた。

「分スケ」

開発経緯

女性アイデア研究会から、「〇周年記念行事を開催するので、過去に授賞した『三角形形成表示具』を提出するように」という連絡があった。

ああ、これは、九州の作品展に送られた後、返却されなかったな。ぺちゃんこだから、気づかれず段ボールなどと一緒にゴミとして廃棄処分されたのか、と思って悲しくなったものだ。紛失についての謝罪文は届いたが、神経を使って作った作品なので、気分は萎えた。

記念行事に協力するためには、気を取り直して作り直しをするしかなかった。

　プラスチック板に分度器の印を貼り付けたとき、ハッと気づいた。作りたいと思っていた分度器が、「三角形形成表示具」の底辺部の前面部にすでにできていた。

　分度器の使用頻度は少ないので、いざ必要なときに生徒は忘れている。友達に貸すと、貸した側が勉強しにくくなる。だから、ペンケースにいつも入っているような分度器を作りたいと、ずっと思っていた。小さければ見えにくく扱いにくく、大きければペンケースに入らないのだ。

　「三角形形成表示具」の特許は取得できていたが、すでに特許料納付書で抹消されていたので、「スティック型の分度器」として、意匠申請へ。すると他国に先願があるという拒絶理由が届いた。それは角度とスケールの0位置が同一点でもなく、角度部分がスケール部の空き場所に表示されていたものだった。

　意見書でその辺りのことを記載したが、結果、私の大嫌いな拒絶査定が届いた。それならばと、長さの0と角度の0を共有している0位置を欠け所（ごく小さな凹み）にして、意匠を再申請した。ラインが重なり合って見えづらくなった0位置を明確にするために、欠け所は必要だった。すると、今度は何も言われず、登録査定された。

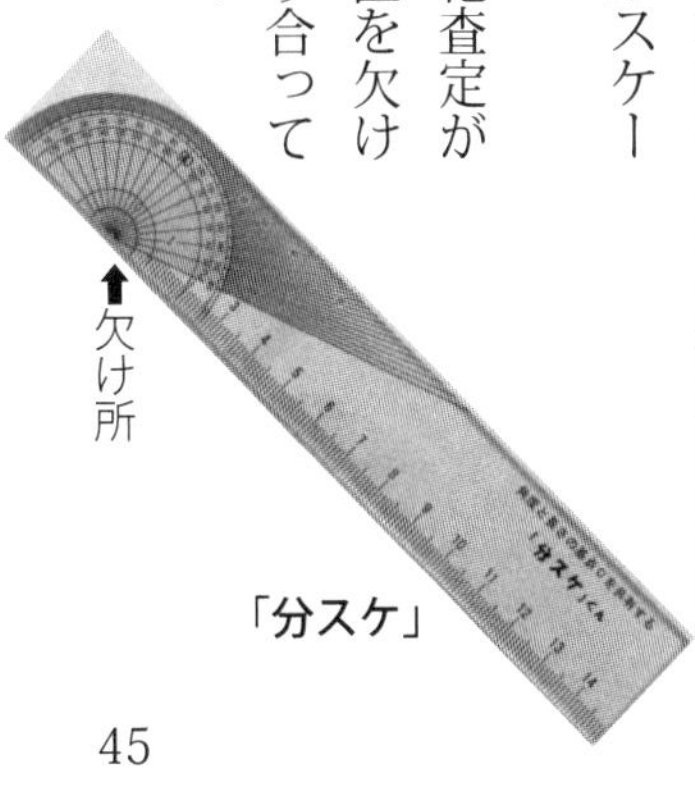

「分スケ」

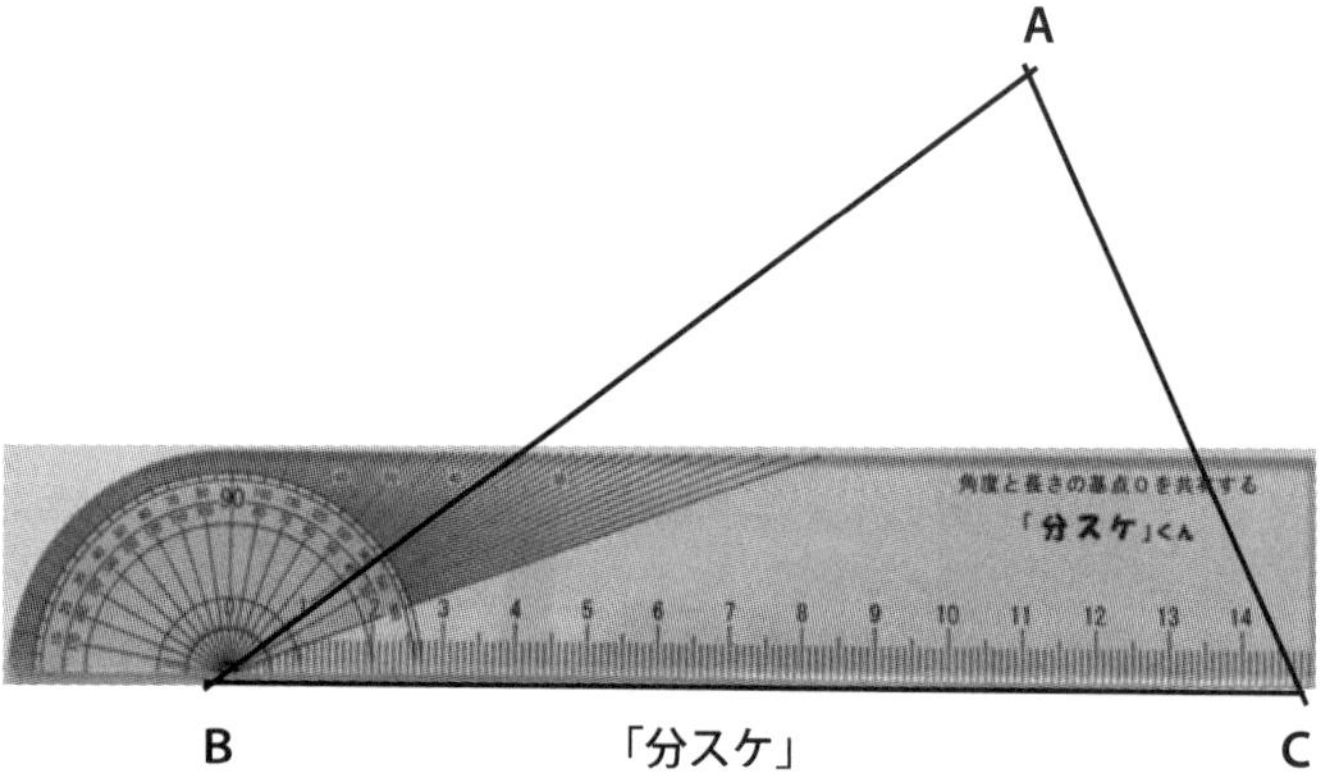

「分スケ」

構造・使い方・メリット

欠け所は0位置がよくわかるだけではなく、半径を取るときコンパスの先端のストッパーになる。しかも、筆記具で求めたい長さの位置から0位置へ向かって長さ側の直線を辿れば、筆記具の先端が0位置の欠け所にポチッとはまってストップの合図がある。

スティック状だから、指先で摘まむのではなく握れるので、扱いやすい分度器になった。また底辺と第一角が同時に表示されているので、手間を取らずに第一線と第一角が書きとれる。ほかに角度と長さの関係が理解しやすくなるというメリットもある。

角度と長さが関係し合うことに慣れると、合同や相似学習への理解も深まるのではないか。

「分スケ」、その後

分度器と定規（スケール）の、二つの機能を備えた「分スケ」。これを二百万円余りかけて商品化した。必死に働いて貯めたなけなしのお金を使うので、真っ暗な谷底へ、分厚い風圧に歪みながら落下していく心境だった。

Aデパートの常設売り場の販売審査に合格したからこそ、商品化に踏み切ったのだが、「解禁日より一週間前に本に紹介されていた」という理由で、女性アイデア研究会から販売を断られてしまった。

私自身、解禁日前に販売や宣伝をしたら失格になるというルールは知っていた。だから、その本の編集者には、即売会での販売開始後に掲載することを条件に、資料を提供したのだったが。

部屋を占領している〝プラスチックの山〟とともに燃えようかと思ったものだ。なぜ、販売解禁日以前に宣伝をしてはいけないのか。この団体でのルールを犯したのだから仕方がなかった。

しばらくして、「分スケ」について、ある学校から「校名を入れて作りたい」という連絡があった。求めに応じて見積を出したが、予算と折り合いがつかなかったのだろう、この話は続かなかった。個人で作る限界が見えた気がした。

「分スケマーク」

娘が目や口のついた扇形を描き、それに私が鉢巻をつけた「分スケマーク」と「虫のスケ」を描いて、実用新案（※）を申請した。これで分スケマークや「虫のスケ」の自作証明なら、できたのではないか。

「分スケマーク」

「虫のスケ」

虫の背中のいくつかのカーブは各種の半径の円周ラインで成り、その半径は尻尾に向けて次第に短くなる。０位置の欠け所が虫のおちょぼ口になる。目玉用として穴を二か所に設ける。背側に穴を設けてもよい。

この「虫のスケ」を造りたいけれど費用がかかりそう。資金が集められるというクラウドファンディングに頼りたいが。

私は、面白いとか珍しい形に気持ちが引っ張られがちだから、この作品に十分魅力を感じるのだけれど。やはり経済面での魅力がなければ、簡単には手を挙げてもらえないわね。

「虫のスケ」
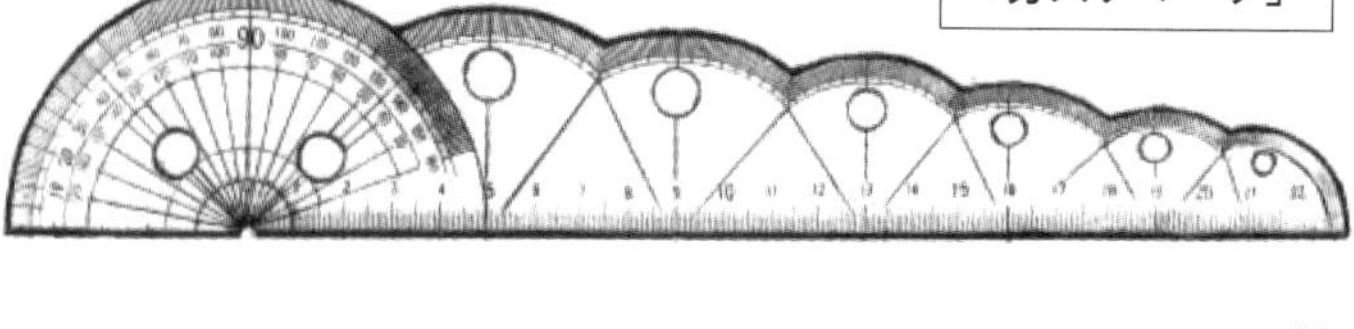

中くらいの失敗

大失敗とは言わないが、今、思うと、なぜあのときこれを思いつかなかったのか、という中くらいの失敗もあった。

「ワンちゃん用浮き輪」

開発経緯

就職して一人暮らしを始めた二男が、チワワを25万円で購入して飼い始めた。値段を聞いて、私は「ヒヤー」と悲鳴を放ったものだ。この犬と目が合ったとき、「ビビンときた」そうだから、二男の運命の犬なのだろう。

股関節に問題があるので、コキコキ歩く。可愛くなくはない。たまに会って山で海で一緒に遊べば、自然に、犬が喜ぶようなことを何かしら工夫しようと思ってくる。犬も人間と同じ目線で波乗りできたら、楽しいはずだ。

※実用新案：新しい特徴を備えた発明のことで、その物品の形状、構造、組み合わせにかかわる考案を保護するための権利を実用新案権という。

構造・使い方・メリット

既存の子ども用の浮き輪に、四つの穴が開いた膜部を設けた。チワワは四つの穴に四本の足を差し込んで、楽しそうに、犬かきをしてくれる予定だった。近くの川に連れて浮かべてみたら、期待どおりではなく、すぐに足を穴から引き抜いて、浮き輪と穴の回りの膜側の方に登ってしまった。

飼い主である二男の「改良すべき」の言葉で取り止めにした。時期的に川の水が冷たかったのかもしれないが。

「ワンちゃん用浮き袋」

「ワンちゃん用膝載せ台」

開発経緯

膝にのせたとき、チワワが落ち着かないことに気づいた。私の膝がふた山に分かれているためなので、膝上に板を載せてみると、チワワは落ち着いた。

構造・使い方・メリット

ただの板台では板台自体が落ち着かなくて、側面部を有する形にし、この側面部に持ち上げやすいように凹みを設けた。膝に直接当たる台の裏側にクッションを貼り付けた。

「赤ちゃんのお立ち台」

「ワンちゃん用膝載せ台」を作っているとき、これが赤ちゃんにも都合が良いと思った。赤ちゃんはママの支えで嬉しそうに踊るに違いないから、先に絵を描き「お立ち台」と名付けていた。ちょうどよいお年頃の赤ちゃんが見つかり、ママの膝に載ってもらったら、実際の赤ちゃんは大きくて、「お立ち台」というより「お座り台」の名称のほうがぴったりだった。ママは「使いよい」と言った。

　赤ちゃんのほかにも膝上に何かを載せることもあるので、「赤ちゃんのお立ち台」があれば好都合だ。

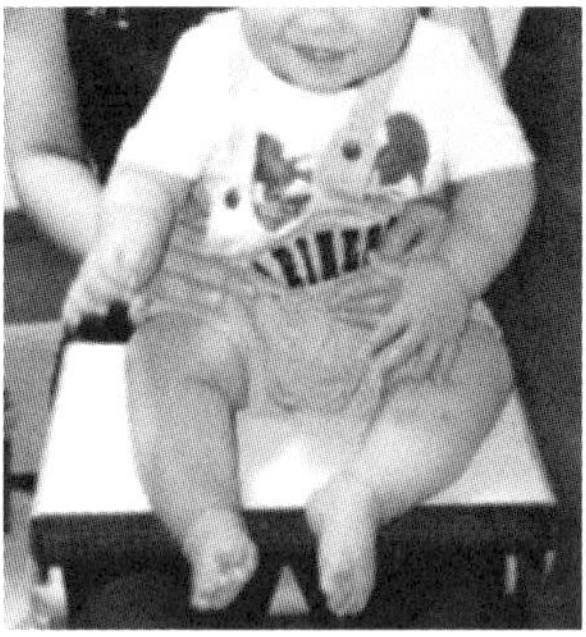

「ワンちゃん用膝載せ台」 使い方いろいろ

私は情けないミスを犯していた。なぜ、ワンちゃん用浮き輪を四つの穴思考で終えてしまったのかと。一つ、または二つ、三つ、あるいは零か無数の場合も考えるべきだった。そうすれば小枝のアイデアは大きな幹へと辿り着き、それは無尽蔵な水脈に直結しているかもしれなかった。そこまで請求範囲に書き込めたかを、見直して完了にすべきだった。穴の数を限定しなければ、大きなくくりになり、大きな範囲の特許がつかめる可能性があった。

捉え方と書き方によって作品の力は大きく化ける。特許だ、意匠だと、先に決めるのも問題ではないか。また、さっさと申請することは止めたほうがよいと反省はする。しかし毎回、申請してから書き込めていない箇所に気づくのだ。テストプリントを先生に渡した直後に、答えに気づいたりするのは私だけではないと思うが。

付け加えるが、小枝のアイデアでも、鼻先で笑ってはいけない、なんて、自分の小さなアイデアを自分に対してかばう捉え方をするが、これは、好き勝手に気楽に健康に生きるための、アイデアなのだ。

テレビ埼玉出演

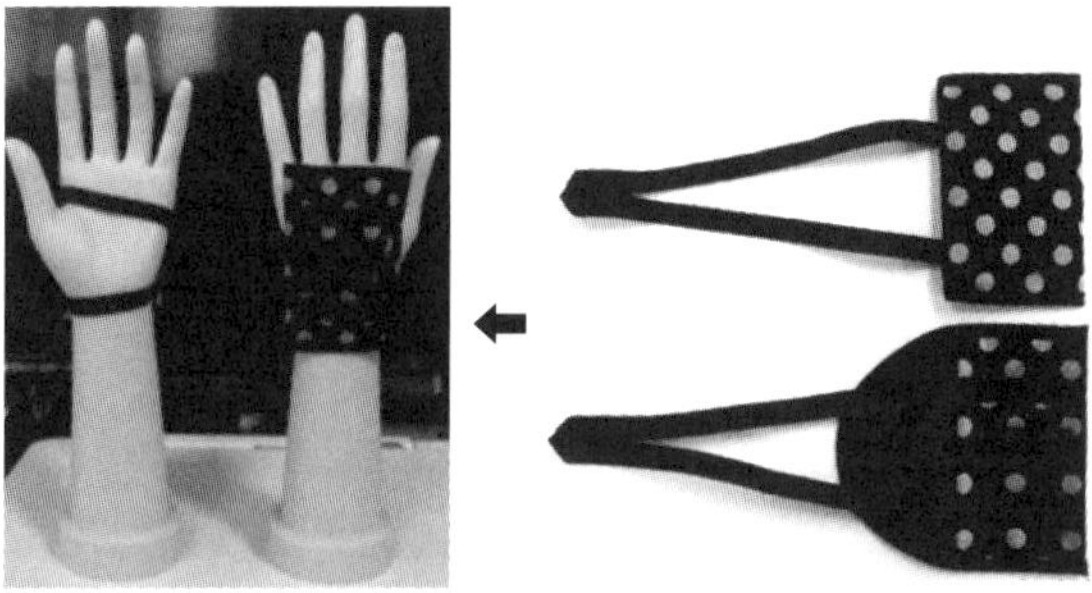

「ちゃんと着けた？」（二また型）

「ちゃんと着けた？」

発明学会からの紹介だった。「味噌取りマッシャー・使ってみそ」と、定期券ホルダーの「ちゃんと着けた？」の、2点でのテレビ出演である。

「ちゃんと着けた？」については、女性アイデア研究会の商品審査で落選した直後だったので、なおさら嬉しい。「もう一つぐらい用意しておいて」と言われて、「分スケ」を持ち込んだ。

クリスマス直前だったので百円ショップでクリスマスの小物を買い、ベレー帽につけた。

テレビ埼玉「マチコミ」のMCのデビット伊東さんは、私の勝手でお願いしたけれど、快く味噌を取ってくださったし、小物も頭に着けてくださった。心が和らいだ。

開発経緯

車椅子の人が改札口でICカードをタッチしている姿を目にした。車椅子を止め、改札機と改札機の間に沈み込んだような状態で、膝上に載せたバッグからICカードを取り出し、掌でつかんで腕を高く伸ばした。当然、健常者より、神経を使っているだろうし、面倒だろう。車椅子を押していた人は先に通過して待っていた。手伝うのは簡単でも、あえて離れ、本人の積極的な気持ちを尊重したに違いない。

この頃、私自身が物を摘まんだりするとき、心持ち、指先に力が入りにくい感じがあり、改札口でタッチしたICカードをうっかり落としたことがあった。やはりそうなのだと思い注意してみると、指先は微妙な動きをしている。離すような離さないような、肝心な箇所が改札機のタッチ部に当たるようにと、結構、複雑に神経を使っていた。端をしっかりつかんでいればよいのだろうが、その状態でのタッチは難しい。

荷物が多いときや、乗り換え時にICカードや切符の持ち直しを面倒と思っていた。赤ん坊を抱っこしている人も、見た目にも大変そうだ。

駅に着いてからICカードを忘れたことに気づいたこともあった。

構造・使い方・メリット

封筒に例えれば、長辺側が開口している形で、一方の長辺側から延長して半円状の差し込み片を設け、ずり出し防止用とする。腕時計的な扱いに類似するが、異なるのは装着の仕方が表裏について真反対になる。

腕の装着よりも手のほうが好都合。右手または左手、掌または甲、握り拳または平手でと、タッチしやすい着け方、持ち方が選べる。

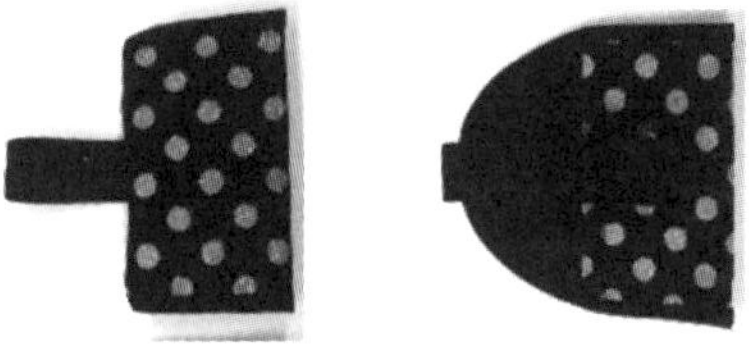

「ちゃんと着けた？」（リング型）

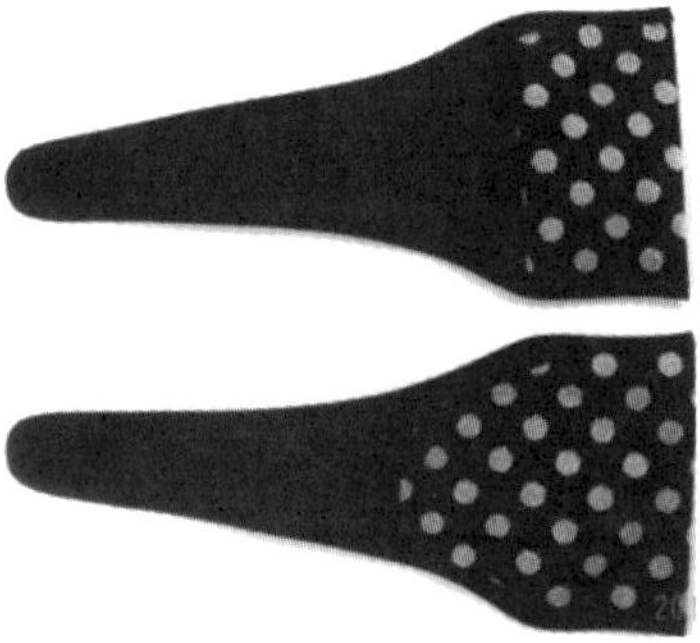

「ちゃんと着けた？」（長ベルト型）

試作分を使っているが、ＩＣカードを落とすことがなくなった。これなら車椅子の人が下方から手を伸ばしても、落とさずにタッチしやすい。

出発時に取り付けても邪魔にならず、改札口を通過する間際になってＩＣカードの在り処を確認しなくてもよくなった。

ＩＣカードをカバンやバッグから鎖類で吊るしているのが大半だと思うが、鎖付きのカード入れはしっかりとＩＣカードを保護していて、バッグ本体と繋がっているから失くすことのない完璧なグッズ。

けれども、鎖が外れたり切れたりして、知らずしてカードを失くすという心配は残る。

現在主流の、ストラップで首から吊るしている個人認証用のカードが、腕への装着に変えられる。

●当アイデアの六面図について

半円状の差し込み片が内側に入るのがミソなので、それを伝えたくて【透明正面図】として意匠で描画したが、透明図は間違いという理由で拒絶に遇った。

指導により、【差し込み片を袋部外側へ露出させた状態の正面図】として補正書を提出した。

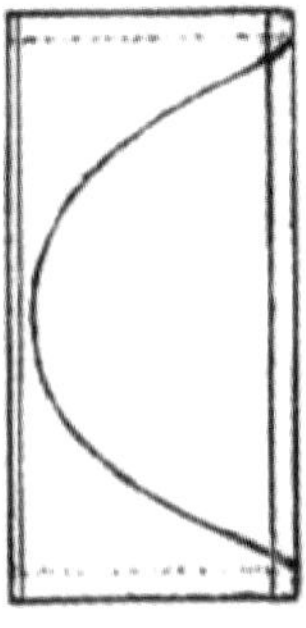

「ちゃんと着けた？」

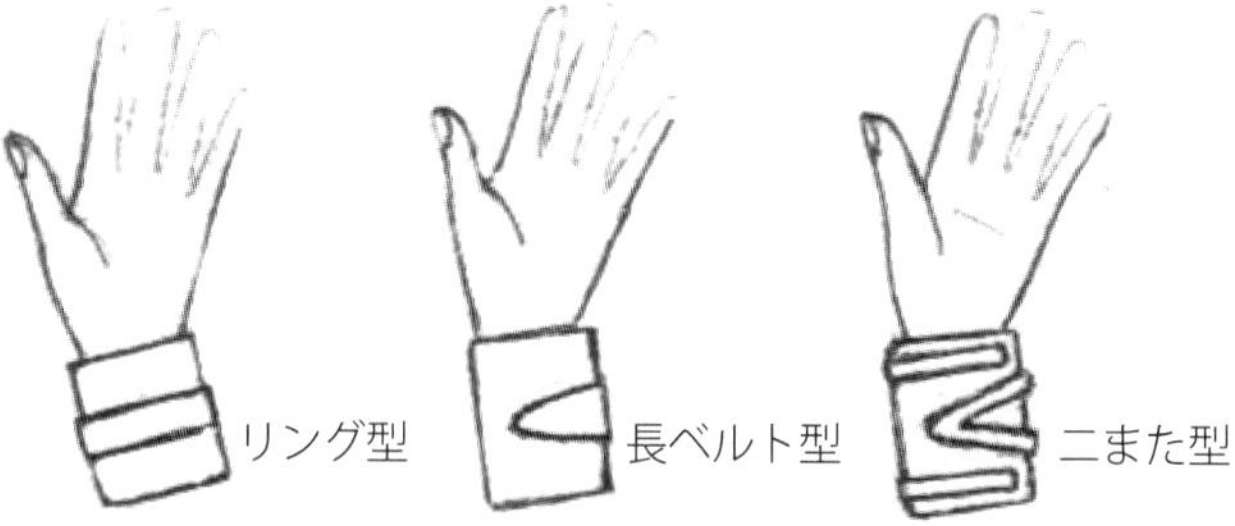

● 使い勝手に合わせ、装着を左右どちらかの手に決める
- 短辺側を指先で押さえる
- 装着後に指先を本体と掌の間に入れる

長ベルト型　　　　二また型

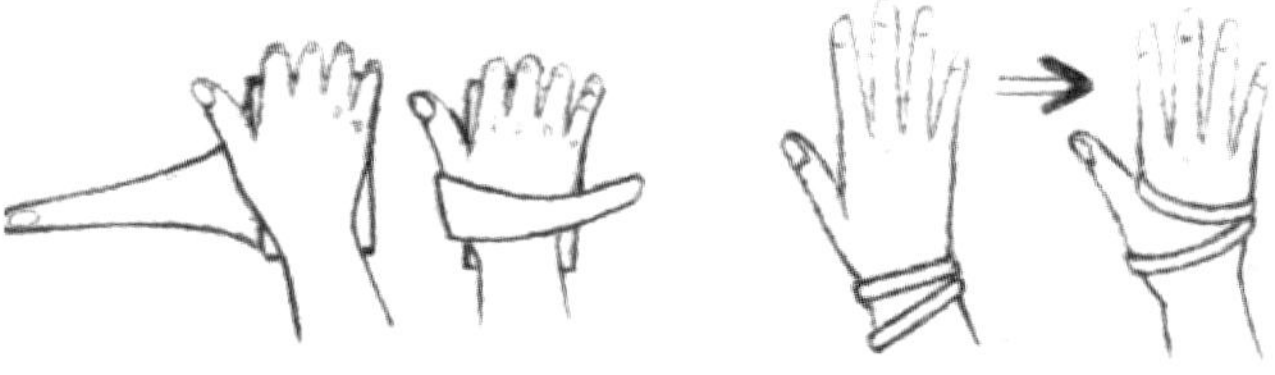

● 好みで掌、甲、左手、右手へ移動　手首の上側の紐を親指に引っ掛ける

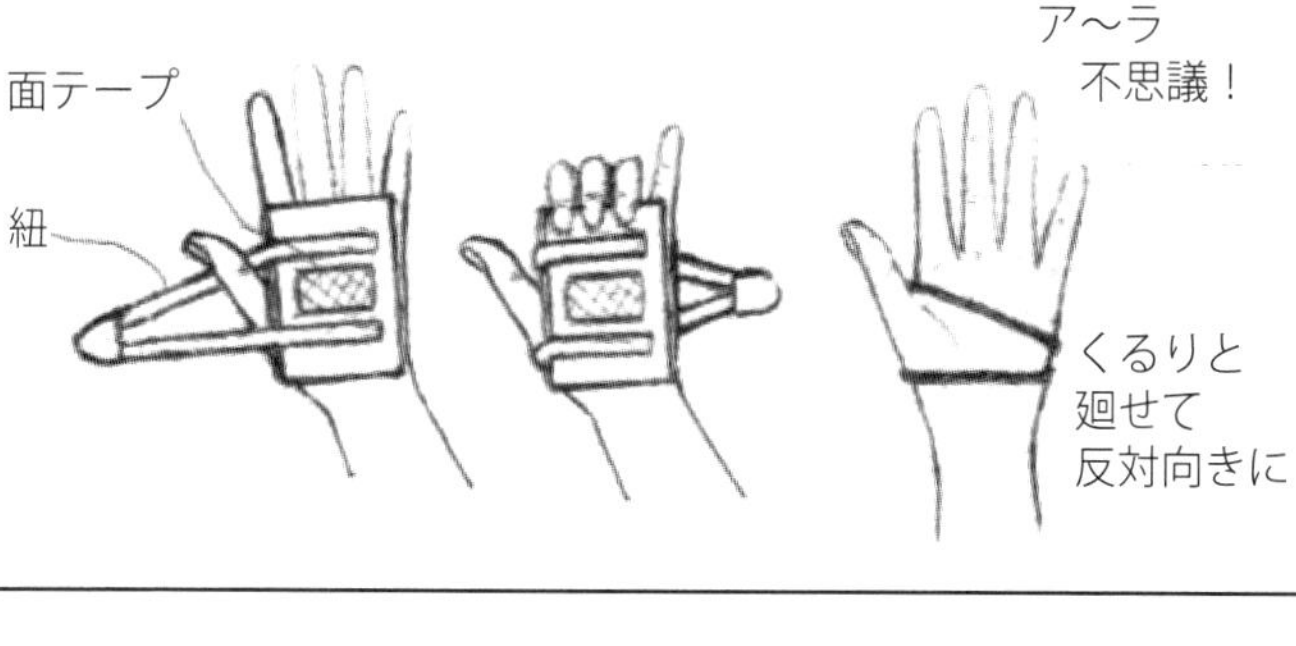

〈**装着の順**〉

●リング型

①カードを前後主面部の間に差し込む（以下、二つの型に共通）。

②カードと前面部の間に後面部側の半円状の差し込み片を差し込む（以下共通）。

③本体をリングの内側に置いて腕に留める。

●長ベルト型

リング型に類似する。リング型のリングが帯体に代わる。

●二また型

長ベルト型に類似し、長ベルト型の帯体が二またのゴム紐に代わる。ゴム紐の間に親指を入れて、そのままか、１８０度回して留める。

「ちゃんと着けた？」の姉妹型、写真などのシート整理用の小物ファイル

透明ファイルの少し硬質な材質で、基本形と同じ仕組みの写真入れや、投函用の汚したくない型崩れさせたくない郵便物入れや、区分けして持ちたい小物ファイルを、「ちゃんと着けた？」の姉妹型として作りたいと願っているが、企業からは費用がかかるという理由で拒否され続け、元気がなくなっている。

「写真のデータはスマホに保存しているから大丈夫」という意見もあった。そのデータは手元に取り出す必要はないのかな。私はプリントしてジャンルごとに小物ファイルに束ねたい。皆はスマホでやり取りをするだけで満足なのか。どこまで保存は可能なのだろうか。プリントしたとしても、その後、どこにしまっておくのだろう。

プリントアウトした写真をジャンルごとに整理

汚したり型崩れさせたくないものを入れて保護

半円状の差し込み片が内側に入るのがミソ

特許権成立までの流れ

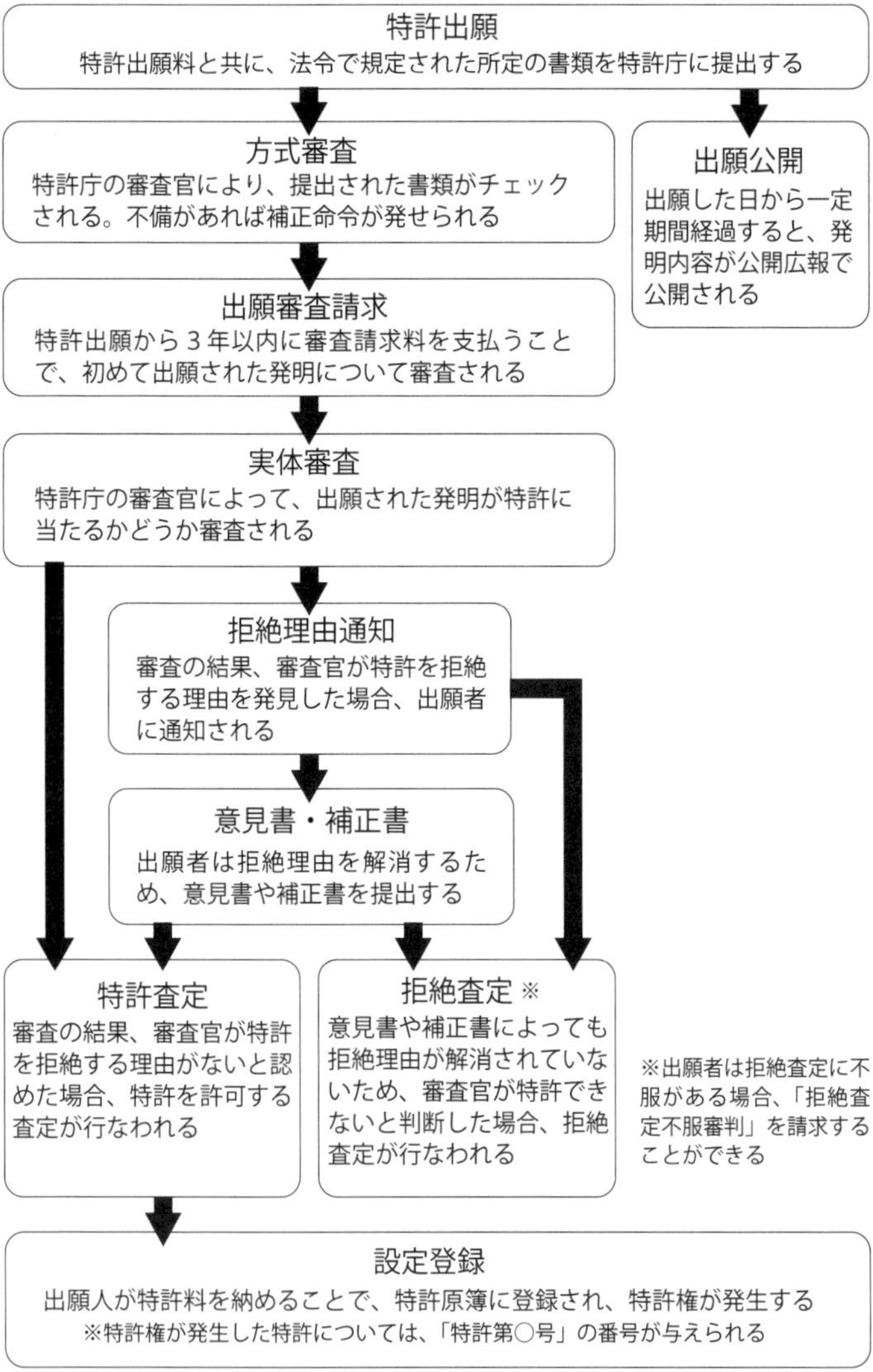
特許出願
特許出願料と共に、法令で規定された所定の書類を特許庁に提出する
方式審査
特許庁の審査官により、提出された書類がチェックされる。不備があれば補正命令が発せられる
出願公開
出願した日から一定期間経過すると、発明内容が公開広報で公開される
出願審査請求
特許出願から３年以内に審査請求料を支払うことで、初めて出願された発明について審査される
実体審査
特許庁の審査官によって、出願された発明が特許に当たるかどうか審査される
拒絶理由通知
審査の結果、審査官が特許を拒絶する理由を発見した場合、出願者に通知される
意見書・補正書
出願者は拒絶理由を解消するため、意見書や補正書を提出する
特許査定
審査の結果、審査官が特許を拒絶する理由がないと認めた場合、特許を許可する査定が行なわれる
拒絶査定 ※
意見書や補正書によっても拒絶理由が解消されていないため、審査官が特許できないと判断した場合、拒絶査定が行なわれる
※出願者は拒絶査定に不服がある場合、「拒絶査定不服審判」を請求することができる
設定登録
出願人が特許料を納めることで、特許原簿に登録され、特許権が発生する
※特許権が発生した特許については、「特許第○号」の番号が与えられる

特許庁 HP より

第二章

居場所発見

2011年の事件

全国規模の発明展における私の初めての応募先が、女性アイデア研究会のコンクールだった。毎年、応募すればいずれかの賞を受賞でき、そのたびにうやうやしい招待状が届き、自分が認められた気持ち、居場所を発見した気持ちになった。

女性たちが行なう受賞の儀式は麗しかった。この会への応募が目標になり、女性アイデア研究会の会員にもなった。

そんな矢先、研究会の執行部が、こともあろうに、この発明団体を解体すると言い出したのだ。解体するにしても何にしても、この会は会員から徴収する会費で運営される法人だから、それぞれの会員は清き一票を持っている。なのに、解体は会員達へ何の相談もなく進められていた。

今年度最後となるイベント直前の新年会のとき、委員長はにこやかにこう述べた。

「解体にはなりますが、古巣の団体に戻って新たな出発をいたしましょう」

そのとき、解体という言葉を初めて聞く我々会員には、意味がさっぱり解らない。

「何のこと?」「どうするって?」「もう発明はできないの?」「在庫はどうなるの?」

会場となった中華料理店の円卓周りは、幾重もの疑問とショックの、同心リング。

委員長の言う古巣とは、男性中心の発明団体のことで、そこでは女性の立場や女性ならではのアイデアが守られにくいという理由で、独立してきた経緯がある。

会員同士で話しているだけでは何にもならない。私は皆の疑問をまとめ、委員会に対する質問状や嘆願書を書いた。そして会員が無視されているこの事実を、全国の会員に知らせなければと思った。その最中に東日本大震災が起こり、あらゆるものが思い切り壊れ散らばった。家の片付けのほうは後回しにし、電話器と会員名簿を拾い上げた。

本拠地だった事務局はすでに〝敵陣〟となっているので、そこでの話し合いはできず、カラオケルームやファミレスや公共施設での会合を続けた。呼びかけに応じて、遠くから訪ねてきた会員は理解し署名し、次第に〝再生の会〟は成長していった。

当面、再生の会として問題解決に当たるため、以前、女性アイデア研究会の委員をしたこともあって、会の運営方法を知っている人が仮のリーダーとなった。

再生の会側からの要求で説明会が開かれた。このとき、会員の一人が発した「委員長さん、羽をもがれた私たちは、これからどうすればいいのですか？」という言葉がすべてを物語っている。

委員会側からは解体しなければならない理由が次々と語られた。たとえば、自分たちの跡を継ぐ委員がいないので組織作りが不能なこと、会の運営が会員の減少によって経済的に行き詰まったこと、法の改正で今までの法人の形態レベルが維持できないこと、毎年、即売会を開いていたAデパートから、売上が悪いので取引を断られたこと、応募者のレベルが下がって、質的にコンクールを続けられないこと、等々。

説明会が進行する中、徐々に、一人の古参の委員が委員会を支配していることも分かってくる。

委員の何人かが会の解体を良しとせず、水面下では会の再生運動は活発になっていった。年に一度の定例総会で、決議案は決裂した。委員長は「これで総会を終わります」とだけ挨拶をしに壇上に立ち、花束を受け取って会場を後にした。

一カ月後、決裂した議案のために臨時総会が開かれ、反対多数で再生が決定した。

委員会側から再生の会側に事務局が引き渡された。我らが城へと入ったが、議事の流れの神経戦に疲れ果て、皆はしばらく座り込んでいた。古い建物のこの一室は1千万円程度ということだったが、もしも売り払われたら自分たちの居場所がなくなるし、委員会側の資金になっては大変だと、私は、自分が買うと名乗り出ていた。

「言い出しっぺだから、会がきちんと立ち上がるのを見届ける責任もあるわよ」と、再生運動派の委員から声が掛かった。事務局からは遠い場所に住み、勤めもあって無理なのは明らかだが、私は委員として加わった。

再生の会側は新しく委員会の組織を作り、年間計画を立て、新たなイベント会場を探すという、具体的な会活動を始めた。

新委員長のお披露目のための臨時総会が開かれた。新しく委員長に推されたのは、これまでイベントのたびに駆け付け、女性アイデア研究会を盛り立ててくださっていた著名な方だ。こんな崩れかけた団体の委員長を引き受けていただけたという思いと、骨組を持ち、形をなし、再生したという安堵に、私の頬を涙が滴り落ちていた。

こうして女性アイデア研究会を引き継ぐことになったが、新委員会で話し合い、当面の間、「再生の会」を通称として残すことにした。

大きな勘違い

売り込み先企業からの道しるべ

話は少し遡るが、私が女性アイデア研究会に初めて応募した作品は、「繰り出し式整理棚」だった。良い賞の連絡でびっくりし、私自身、良い商品なのだと反り返った。また、この作品は、ドクター・中松先生（中松義郎博士）審査のもと、「ふしぎおもしろ発明コンテスト」に合格し、万博記念公園エキスポランドに展示された。

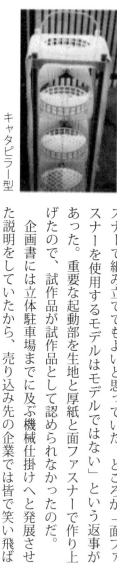

実に華々しい出発。私は鼻息荒く初めての売り込みに挑んだ。

「繰り出し式整理棚」

キャタピラー型

しかし大きな勘違いをしていた。試作品として提出するだけなら、実際には使わない面ファスナーで組み立ててもよいと思っていた。ところが、「面ファスナーを使用するモデルはモデルではない」という返事があった。重要な起動部を生地と厚紙と面ファスナーで作り上げたので、試作品が試作品として認められなかったのだ。

企画書には立体駐車場までに及ぶ機械仕掛けへと発展させた説明をしていたから、売り込み先の企業では皆で笑い飛ばしながらも、アドバイスを届けてくださったのだ。

試作は本物を見据えて、正しい材質できちんと造らなければならないことを学んだ。大きさについては、正確に縮図されていれば問題はないそうだ。

「繰り出し式整理棚」

開発経緯

教員はとにかく忙しい。急いで授業に向かうときに、教科書、資料、三角定規、分度器、コンパスなどの授業に必要な物が、決められた位置に用意されていれば、その都度、探さなくていい、という考えから「繰り出し式整理棚」を作った。生徒達に渡さなければならない工作材料やプリントなどもある。

一番上には今すぐ必要な書類や器具を置き、その上段を解体したら、その下に次の授業に必要な書類や器具がすでに用意されているような、取り替わる棚が欲しかった。

構造・使い方・メリット

棚の一つ一つがその位置によって優先度の意味を持つ、使用する側に認識の必要のない、整理棚。優先処理をしなければならない物の棚が、常に最上段（または最下段、左右どちらかの端部）にある。

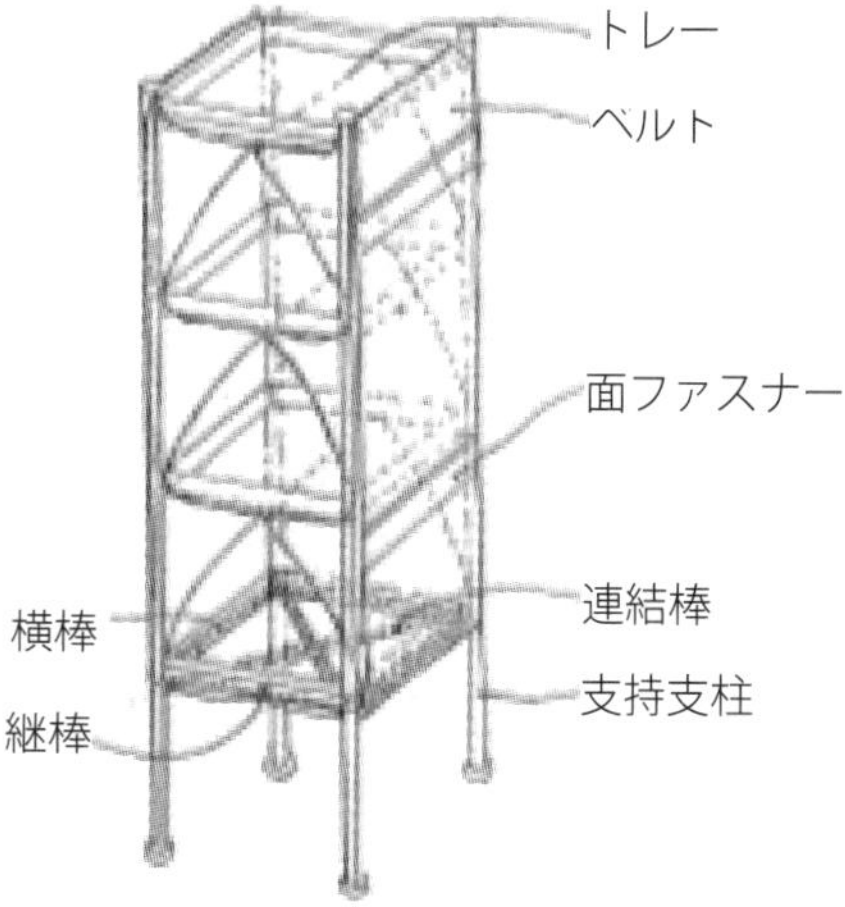

用済みの最上段のトレイを外すことにより1段目が解体できる。次に外壁を引き下げることで、2段目以下の内部が引き上がり、外壁の下方に余裕ができて、空のトレイをセットし、新たな棚にする。これを繰り返す。

洗濯済みのタオルを一番下に置けば、常に上側の一番古いものから使えることになる。食品の賞味期限、消費期限にもかかわる。

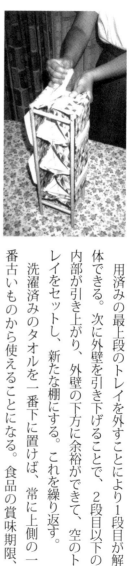

医者の机上には診察順にカルテが用意され付随する用具も置いてある。これらをまとめ、使用順、患者順に置いておけば混じることがないので、仕事はスムーズに進むのではないか。出し物の道具が使用順に用意できていれば、場面替えもスムーズにいくはず。

以下の出来事も道しるべとなった。ある企業から、一つの特許から二つの作品の商品化の声がかかった。このときの担当者が私の我流の特許申請書を読んで、「これ

では権利が取れていないよ」と言って、「一般社団法人発明学会」を紹介してくださった。ここへ私は特許出願書類の書き方を教わりにせっせと通った。

商品化については、その企業の仮販売所での成績が悪かったという理由で、二つとも実現しなかった。

「ライン表示具」

開発経緯

これも教員をしていたときのこと。グラフの学習時には、クラスごとに教師用の大きな三角定規やコンパスで、黒板に正確な十文字や升目を書かなければならなかった。面倒で時間をとる。そのためのグラフ用黒板があるが重くて、2階、3階の各教室に持ち込むだけでも大変だった。また黒板消し用の狭い棚に載せるだけの固定だから、危険だった。

構造・使い方・メリット

両端に磁石を設けただけの柔軟なテープなので、角度の二等分線もポンと貼ったら表示できる。座標軸は2本を交差させれば表現でき、間違ったりすれば取り外すだけでいい。位置も簡単に変更できる。

ライン箇所にバネ力があれば、二次関数、三次関数のグラフも表示可能だ。

販売対象が学校に限定されて狭く、残念ながらお金には結びつかず、自分で作り得るレベルだから、商品化先を探すこともなかった。現役の数学教諭に褒められたので、プレゼントした。

今は電子黒板なるものがあるそうで、それを使えば苦も無く正確で美しいラインを描けるらしい。しかし生徒たちの方は実物を掴まないでもしっかりした理解になっているのだろうか。

角度の二等分線もポンと貼ったら表示できる

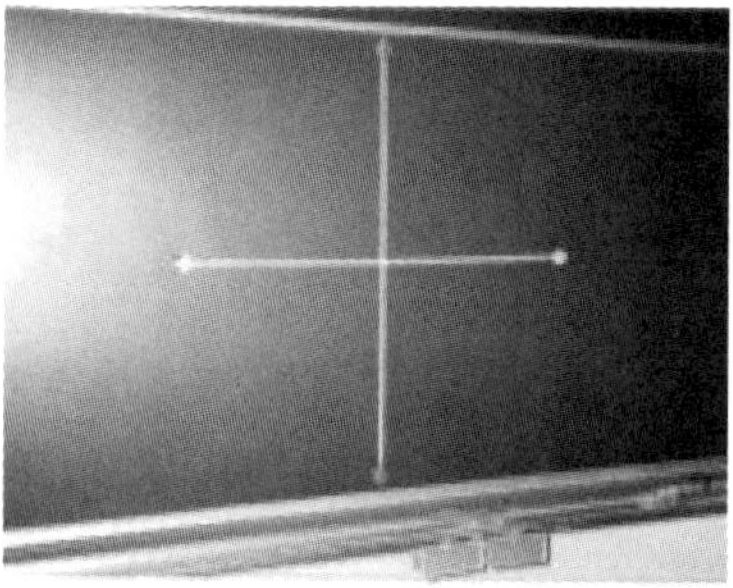

座標軸は２本を交差させれば表現できる

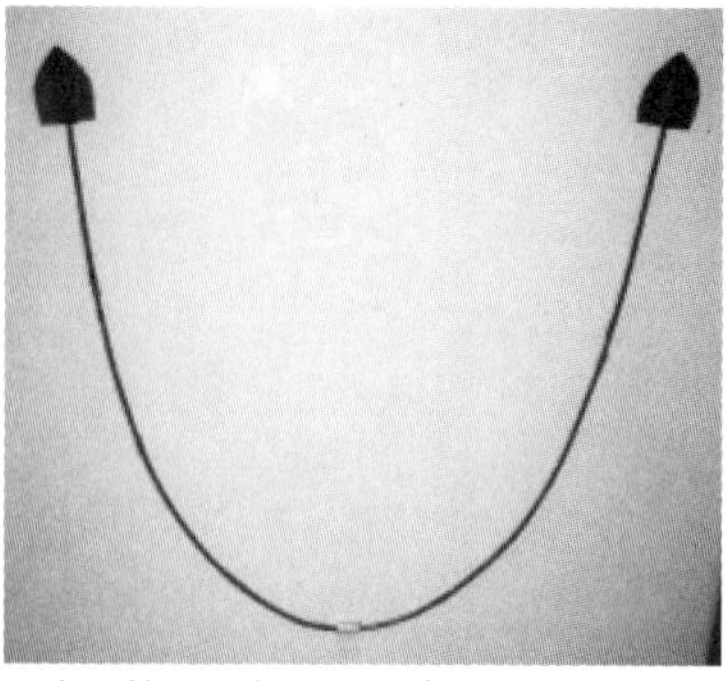

二次関数、三次関数のグラフも表示可能

「定理ボード」

開発経緯

中学二年生で図形学習に入る。このとき、生徒たちは証明という理論的な考え方を初めて学ぶ。生徒同士で学力をつけ合う訓練をしようと考え、定理一個ずつを記載した定理ボードを作った。

この定理ボードを使い、三つの条件を使って、「だからこの結論になる」という説明を全体に済ませて班ごとに考えさせた。次に各班から代表選手を推薦してもらい、クラス皆が認めた選手を定理先生にしていった。

その定理先生は教室に散らばり、友達からの質問を受けたり採点したりする。その定理先生が納得すれば、今度はその生徒が合格した定理についての定理先生になれる。

二年生は六クラスあって、私と若い教諭とで三クラスずつ数学を担当していた。中間テストと期末テストが終わるたびに集計されて、クラスの平均点が発表された。私の担当クラスの平均点は、四位、五位、六位だった。担任は、私の指導をとても不安に不満に思ったに違いない。二学期になると平均点は逼迫《ひっぱく》し、三学期には見事、私の担当クラスが一位、二位、三位に。

「**定理ボード**」を使った授業。生徒たちは真剣そのもの

私は定理ボード学習の効果を大いに感じた。定理先生になった生徒は友達に正しい説明をしたいので一生懸命だった。この学習に加わらない生徒はいなかった。

自分としては、一番自慢できるアイデアだと思うが、アイデアかどうかは疑問ではある。一応、特許申請をしたけれども、教え方での特許の取得はできないのではないか。

また、意匠となるとすべての定理を作図して申請しなければならないから、権利取得は金銭的に無理だ。一個の定理分だけでも申請しようかとは思ったが。

一枚の紙にすべての定理を書き入れられたら可能だっただろうか。

ところで、若い頃、私には教員は無理だと逃げ出したが、40歳後半からの講師、とくに数学の「定理ボード」を使った授業では、私にも教員ができた気がした。

その後、生徒数が減り、若い講師たちまであぶれる時代になり、中古の私に再雇用の声掛けがなくなった。しかし、この間に、教えることに手応えを感じることができ、そうして教員を終えることができてよかった、と思っている。「指導が学校で一番下手でもいい」と、及第点のランクを自ら落とし、できるだけ悩み込まないように、工夫はしていた。

再生を確信したものの……

イベント会場を失っていた再生の会は、以前、即売会だけを開催していたBデパートでの交渉が成立し、翌年のコンクールと即売会を、一度のブランクもなく開くことができた。

その二日目、売り場の斜め向かいのコンクール会場で大声が響いた。

「私達が大事にしてきたイベントを、こんなみじめな誰も来ないような端っこで開いているなんて！」。

「心配して来たらこんな状態とは！」

「この作品は私たちが一度落としたはずだ！」

「この作品は百均の物真似だ！」

「こんな作品に賞を出して、コンクールのレベルを下げてしまった！」

声の主は、かつてアイデア研究会の委員会を支配していた古参のあの人だった。元の委員たち数名を引き連れてやって来ていて、三方に囲まれた隅の会場で、彼女一人が大声を響かせていた。

一週間の即売会での売上は、互いの商品を買い合ったりする努力もあって達成でき、再生を確信した。けれども、この出来事のため、Bデパートから次の開催を断られた。

Bデパート側の説明はこうだった。

「決して、現委員会の方が悪いと思っているのではありません。風評が怖いので。次回、開催すれば、また同じことが繰り返されるかもしれません。たとえ壺を自分の家で壊しても、壊れていたと言われたら交換もし、謝りもします。風評の流れを止めなければならないという、デパートにはそんな弱点がありますからね」

そう言われても納得できるものではない。金のある者や声の大きな者は人間としての立ち位置が異なるのか。そうなれば何が正しいことになるのか。勝つべき正義は？　土台が激しくぐらついた。

長さの元は地球の直径を基準にしたそうだが、物の捉え方においても絶対的な基準を決めてもらいたい。「答えはないよ」と、一笑に付されるだけかな。

新居

２０１４年（平成26）。大きな窓から入る西日が急に弱くなった。あら、電気が点かない、水が出ない。

「早く来ないと真っ暗闇になるよォ」と、二男にメール。

やって来た二男が新しい家を一回りして、中途半端に開いた掌を左右それぞれの太ももに重ね、顔を私に向け、「おめでとうございます」と言った。ぎこちない会釈をする息子の笑顔は良かった。

「ここなら潰れないいな。父親のようなあんなことはもう嫌だからね」と二男は続けた。

そうね、せめて息子のこの願いは聞こう。別れた夫は、東日本大震災で家具に押し潰されて亡くなっていた。それを発見したのが夏。とんでもない姿を二人の息子は見てしまった。

翌日、勤務先へ。従業員は、某テーマパークの工事に召集されたり、依頼されたグッズ等を隣接する新工場で製造したりする。大半は美術関係の学校出身で、私は一人事務を執っている。もうそろそろ20年だ。

離婚後、路頭に迷う私を救ってもらったので、社長を神様と思っていた。社長はお腹が出ていて布袋様のようだったが、このごろはやけに私に対して定年と口にするから、布袋様ではないな。

ところで定年とは何？

社長にお金の着服の疑いをかけられたらしい前の事務員が辞め、私が入社した。その当時はまだ組織作りもいい加減で、私が知らないうちに従業員が口約束で現場仕事に加わっていたり、突然、来なくなったりする。とりあえず親企業の就業規則に従い、継続勤務の従業員に雇用保険をかけることから始めた。

「ここを、いずれ従業員たちが腕一本で食べていけるように、技を磨ける場所にしたい。個展のための制作に一カ月も籠ることもあるが、それを認めて夢を応援したい」と、社長は話していた。だから日当扱いが適している。「年齢ではなく技だ」とも、言っていた。

そうだ、私が「年齢ではなく技だ、定年はないのだ」、という文言の入った契約書をきちんと作っておけばよかったのだ。あっ、私には他の従業員のような肝腎な技がない。

テーマパークの大規模工事で、突如、一クラス程度からアルバイトを加えて約160人に膨れ上がった要員の給料明細や現金の処理を、一人でこなしてきた。五千万円近くの一円玉、五円、十円、五十円、百円、五百円玉の硬貨の多い現金を、2回に分けリュックに入れて、一人で工事現場まで運ぶこともあった。硬貨が多いとふらつくような重さになった。

危険だから、振込支給にしたいと提案すると、社長は「アータは貧乏くさい顔をしているから、狙われなくていいや」と笑う。「現ナマを直接受け取ることが嬉しいはずだし、その笑顔を見たい」そうだが、社長は忙しくなり、従業員たちの笑顔などを見る余裕はなくなり、いつしか振込支給に変更せざるを得なくなった。

大規模工事は終わり、アルバイトは去り会社全体が落ち着いてきた。ピークのときは社長が「事務を増やそうか」と言ったこともあるが、こんな日もあろうかと一人で頑張ってきた。社長の犬と心得て、呼び出されたらいつでもどこでもはせ参じた。

書類を税理士へ渡すまでの過程を、安上がりに済むように多くの工夫をしてきた。面倒がる社長に、レシートを受け取る習慣をつけたのは私だ。

新居の大掃除

ピピーンと呼び鈴が鳴り、受信機にお掃除プロの2人の男性が映る。

手順の確認へ。

「ベランダには触れない決まりになっていますから、よろしいですね？　換気扇のカバーがはげることがあるかもしれないですが、かまいませんか？　キッチンは、あっ、これはひどい。溶けています。捨てるしかないとは思いますが」

彼はレンジの魚焼きグリルからトレイを取り出した。魚の脂が炭化し、こびりついて、ワイヤーがぼこぼこと波を打ち、中間位置の２本が溶けていた。先住者は６年間、魚を焼いて洗うことなくまた焼いてを繰り返したのだろう。魚焼きの始末がいかに嫌かがわかる事例だ。

この魚焼きグリルトレーの、ワイヤーに載せる使い捨てのアルミカバーを作った会員がいる。よく売れている。納得だ。彼女は企業への売り込みが進まなかったため、カバーを作る器具のほうも発明して、自社製造に切り替えている。あっぱれだと思い、私が担当する会誌の特集として彼女のことを取り上げた。

新居でのテレビ取材

取材用の味噌や卵やボールや発明品を準備した。ちょうど1カ月前に、再生の会が短期で借りたイベント店への取材があって、そのとき、「家を買ったばかりです」と話した。「発明からは頭金程度が集まっただけですけど」と、付け加えているが、それを見たテレビ局が、発明が儲かるものと捉えたらしく、取材を申し込んできた。

私が出演することで、再生の会の評判を良くし、会員が増えたりするのならばと、一番先にアポをとってきたテレビ局だけに応じることにした。豪邸でもなく新品でもなく、こんな程度で家を買ったなんて世間に広めるのは恥かしい。本当のお金持ちも見るのだ。

カメラが回り始める。このところ、疲れが溜まって余計に自信のなくなった顔がちらりとでも映される。美人ならどれだけ幸せだったことか。

「味噌取りマッシャー・使ってみそ」は、形状から何に使うか分からない意外性があって、その点、映像的には面白いかもしれない。

「私はこの発明でこの家を買いました」という台詞は、取材側からの提案だ。「家のほんの一部ですが」という言葉を入れたら、撮り直しになった。

テレビに出演したくなかった理由はブスのせいだけではない。10年くらい前の出来事で、プライドを傷つけられて、トラウマになっていることが大きな原因だ。

多くの発表仲間の中で自分だけ3回もの撮り直しがあったので、うまく話せているのが放送されるはずだと、テレビの前で期待して見た。ところが、撮り直しの間の、意識を抜いた私を映し、おまけに画面に、「……。」の無言の印し字まで入れて編集されていたのだ。

何十億円の収入のある成功者と、初心者の私を対照的に扱ったことは気にならない。事実だから。しかし、よくしゃべるのが私の特技であるにもかかわらず、肝心な作品についての説明箇所は削除されていて、質問に答えられない人間として作られ全国に放送されたのだ。

このショックで、数日間、涙が止まらず、頭痛、吐き気、下痢が続き、立ち上がる気力もなくなった。自分は並みに届かない人間だからプライドを持っては生きられないと覚悟していたつもりだったが、プライドがまだ存在していた。

私のダメージの状態に耐えかねて、長男と長女がテレビ局へ抗議の電話を入れた。彼らに背中を押され、声を出すエネルギーも失せた中、「私たちはアイデアを見ていただきたいだけです。わざわざ細工され、笑われて、ダメージを受けたくはありません」と、やっとの思いで電話口のディレクターに伝えた。

それに対し、「契約書を書いたよね。そこには何もいちゃもんをつけないことという項目があったはず」という返事だった。

その番組は長続きしなかったようだ。

それ以来、どう扱われるかわからないテレビには、二度と出ないと決めていた。トラウマを跳ね返すのはとてもきつい。生きている限り、プライドはあるのだ。あるから傷つくのだ。

発明の取材では、必ずと言ってよいくらいに、「売上はいくら？」という質問がある。売上のランキングをつける番組にも出演し、自分に入ってきた実質の金額を伝え、ビリの役目を務めた。こんなことなら傷つきもしないのだが。

他の人はその商品のユーザー価格、業界全体にかかわっている数値のほうを告げている場合もあって、何千万円とか何十億円という売上である。私だってそれを言えば希望的観測だけど、そろそろ1億円に……うーん、まだだわ。自分がいただけるのは定価の約1パーセント、即売会などの代理店としての収入を加えると、なんとか家購入の頭金になっている程度だ。売れた本数はかなりあるけれど、私の場合は一本の価格が安い。

我が家の話に戻るが、長男が新居にやって来て、「いいじゃん、いいじゃん」と言いながら、扉を開けては部屋を裸足でハタハタと歩きまわった。

私をデパートへ連れ出し、レースのカーテンと上下ワンセットの布団を、彼が担いで運び込んだ。「これで眠れるね、でなきゃあ、この家を買った意味ないじゃん」と言って去った。新居宿泊初日だった。買い忘れた枕の代わりに、ティッシュの箱をタオルでくるんで眠った。

3月11日、社長との仕事を済ませ、工場へ向けて国道を運転していた。2時46分、「黙祷」とラジオが言った。大切な命を終わらせてしまった方々に、心を向けるが、急ぎの資材を預かっているので運転を続ける。生きることに急かされ、いつの間にかこんな大きな出来事を自らかき消していく。

行方不明者は未だ2633人も（2014年3月現在）。津波でさらわれ戻らない妻を探すため、57歳で潜水士の国家資格を取った男性がいるそうだ。目頭が熱くなる。

商品審査

私は会報を担当していたが、人手不足で商品審査も担当することになった。

せっかくなので自分が体験した過去の商品審査の不透明さ、不合理さを改革しようと思った。誰が審査しても同じ結論が出るようなマニュアルを作りたい。会員の商品に対して「アイデアを盗んだ」等の問題は絶対に起こらないようにしたい。再生の会での不名誉な噂は一切流されたくはない、そう思ってのことだ。

国家によってお墨付きを与えられた特許作品や、実用新案の場合でも特許レベルの評価6の作品は合格。当然、これらは無条件で。

それ以外であっても、再生の会だからこそお互いに救い合い、指導し合って確実な物に仕上げて商品を増やしていく。また厳しい先願調査を通過したコンクールでの入賞作品、その他、意匠権や文化庁で登録された著作権等の場合も合格にする。商標でも形状について他の人の権利を侵していないことが証明できたら、合格にしたい。

解体劇で前委員会群と会員の幾人かは、商品とともに去ってしまった。商品を増やさなければならない。「戻ってきて」と声掛けをし、何人かは戻ってきていた。

私と同時期、つまり会の解体劇と再生運動のころから研究会に加わり、委員にもなっている同期のC委員に私の考えを伝えると、意匠登録のうち、発明の意味合いの少ないもの、その他、商標、著作権分は許可しないと言う。意匠については同意見。私だって芸術と芸物の違いぐらいわかっている。販売許可条件を一点物でないこと、と明示すればいいだけのことではないか。できるだけ会員に可能性を残してあげたいのだ。

彼女とはこれまで何もぶつからないできたが、ここで初めて意見の相違が生じた。

体当たり的売り込み

「固定式画鋲」

開発経緯

講師をしていたころ、学校で掲示担当になり、毎週送られてくる写真ニュース版を掲示した。

Ａ４サイズの紙面の角を画鋲で留めるのだが、掲示板の同じ箇所がすでに穴だらけになっていた。だから、まだ使っていない箇所を探して留めるしかなかった。

紙面の内側に画鋲を留めることになり、紙面の角部がだらしなく曲がって下りてくる。

構造・使い方・メリット

針先を壁側に向けた、「つ」の字状で作ることにした。ボードに固定針で固定し、そのボードと刺し込み針との間に紙面を下側から差し込み、手前に引く。

飲食店などでオーダー確認用に使用すれば、常に手前に一番早く作りたいメニュー名が表れる。不要になれば手前に向けて切り外す。尖り部があってもよい。固定針を縦向き２本にして格子パネルに挟み込む型や、掲示板と一体化した型も。名称は「つっくん画鋲」。

ヒラマサ釣り用の針を加工して画鋲会社に飛び込んだが、「発明をやれる人は、代々その能力を受け継いだ人がやるもの。貴女には無理、止めなさい」と説得され、「有り難うございました」と不本意ながらお礼を言って、その会社を後にした。

次に、「つっくん画鋲」を固定した掲示板を持って掲示板会社に行くと、「コラボなら、商品

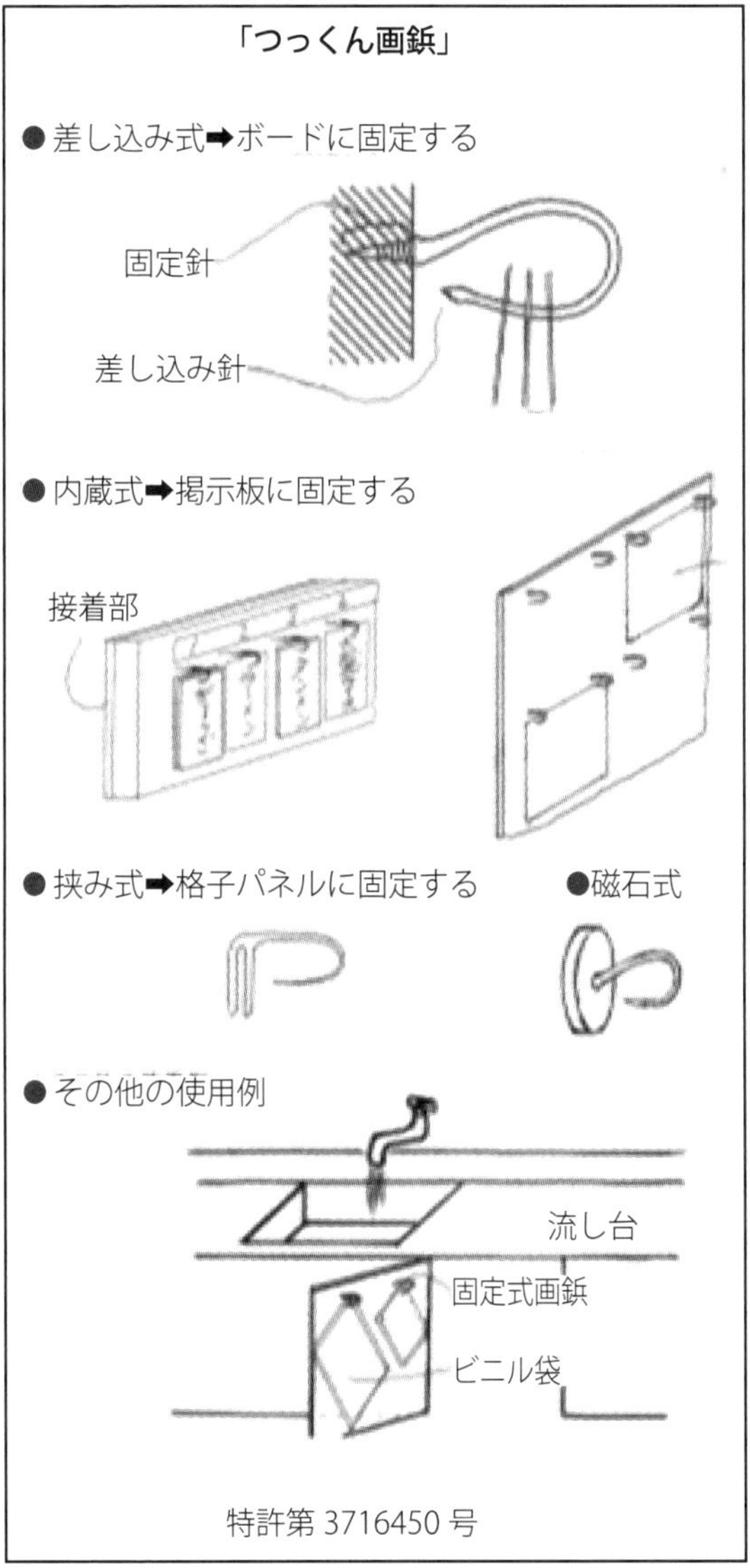

化していいよ」と言われた。

資金の余裕はなく、この企業が本気かどうか明確でもないのに突き進むのは恥ずかしい。
「断っているのがわからないのかなあ」と、馬鹿にされたくもなかった。

弁理士訪問

自作の「すくい具」がターナーとして捉えられて拒絶査定され、仕方なく「煮魚お玉」として書き直し、特許申請をした。すると今度は、前回ターナーと捉えられたはずの「すくい具」が、後から出願した「煮魚お玉」の先願とされ、「煮魚お玉」が拒絶された。

同じ「すくい具」がターナーにされたり、お玉にされたり都合よく変わって、拒絶のための盾にされている。この特許庁の判断に対して補正をどうしたらよかったのか、意見書をどのように書くべきだったのか、今後のために正解を知っておきたいのだ。

私は特許庁として統一した捉え方をしていないことへの意見書、むしろ不満書を書きたい。

新居から、弁理士宅へ向かう。アポなしだ。ひどい方向音痴だから、アポをとっておくと、場所探しでその日辿り着けるかどうかわからないので、初日は探す日としておく。運がよければ当日、相談を受けていただける。

訪ねたいその弁理士は、女性アイデア研究会の勉強会で講師をした人で、その講演内容から「この人なら頼れる」という期待がもてた。また「法外なお金は取らない」という先輩たちの評判、これが一番の決め手だ。

弁理士からは、「特許に届かない作品、意匠登録レベルの作品」と、一刀両断の答えが返ってきた。

持参の書類が不足していたので、彼は私の氏名で検索し、その画面に私の作品がずらりと並ぶと、

「同姓同名の人がたくさんいるんだね」と言った。

「いいえ、全部、私の作品です」

「へえー？　よくこれだけの出費をご主人が許すなあ」

「いいえ、分離していますから」

「ああ、分かった、特許にお金を使い過ぎたから、離婚させられたのだな」

「いいえ、三行半はこちらから」

彼は怪訝な顔で私を見た。虚勢を張っていると捉えているのかな。

彼は顔を画面に戻し、仲間の作品を探した。

「これは特許が取れた作品だよ。このグループ知っている？」

「知っています。作品の話も聞いてますよ」

「このごろ、この人たち、様子が変なんだよ」

「以前は仲が良かったけれども、ってことでしょうか？」

「そう、仲が悪くなったようでね。なぜ、女性というのは、あの人が嫌いだと言っては分裂するのかな？　男性はいかにすれば発想できるかとか、売れるかとか、そちらのほうに気持ちが行って、好きだ嫌いだなどとは言わないから、その団体活動は続くがね」

「女性は自己顕示が仲間に向かうからですか？　家庭で夫に頭が上がらない分、新たな環境で心地よい自己を認識したいとか？」

「実はね、あなたたち研究会のお一人から、『新しく、ハンドメイドチームを立ち上げました』と招待状が来たので、訪ねて行ったんだよ。それから3カ月ぐらいで『閉じました』という連絡が来たんだ」

「ああ、その話も聞いています。彼女は、元は私達のリーダーだったので」

「そうだったのか。そのときも、好きだ嫌いだで？　君たちの会もどこまで続くかな？」

と、悪戯っぽく言った。弁理士の言葉が気にかかる。

女性アイデア研究会を立ち上げた元会長と、それを受け継いだ次の会長の間に私がいる、3

人の笑顔の写真がある。

「若い人は頑張ってね」

「百年もそれ以上も続いて欲しいのよ」

と、２人に言われた。

40歳年上の人から見れば、そのころの私は若かった。

ここは、喘ぎながら辿り着いた居場所だった。当時、私の胸の芯は腐ったように、冷たく重い泥のようだった。私は自分を見失い、風景のそれも破れかけ腐りかけた落ち葉だった。

今は自分が存在し、形を現わし、風景の方を従えている。

２人の会長はすでに亡くなられている。会長によって私の作品が販路を得た。感謝の気持ちを伝えたくても、すでに叶わない。

会を繋ぎ育てていく手助けができたら、せめてもの恩返しになると思う。

第三章

再生の会

初めての特許と意匠

特許と意匠の関係

特許と意匠は、私の経験からすれば、ずばり、無関係だ。これまで拒絶理由通知書で指摘されたのは、特許では特許や実案の先願だった。意匠では名称のつけ方や使用文字、六面図以外の表示。街中の立て看板に同じ図柄があると指摘されたこともある。いずれにしても、特許申請だけでは十分とはいえないし、トラブルを避けるためにも、意匠を取得しておくことが賢明だと考えている。

「等間隔表示器」

開発経緯

等間隔の線を引く場合、あるいは区分する場合に、1センチメートル単位表示で7センチメートル間隔を取ろうとすると、従来は7、14、21、……、と計算しながら、スケールのその位置にマーキングしなければならなかった。

間違わず楽にマーキングするためには、等間隔の位置に目印のついたスケールがあればいい。

構造・使い方・メリット

等間隔位置を表示したスケールにする場合と、学習シートにする場合がある。

学習シートの場合では、最上段右向き横列に割られる側の数の整数を連続させ、左側端部の縦列に、割る数の整数を連続させる。

使い方としては、割る数を左から選び、各段での等間隔位置に、同色シールを添付していく。すると、それぞれの段で、倍数すなわち割り切れる数値位置がビジュアル的に示される。結果、素数が明確になる。数の無限性や倍数的な意味を捉えさせる教材になる。

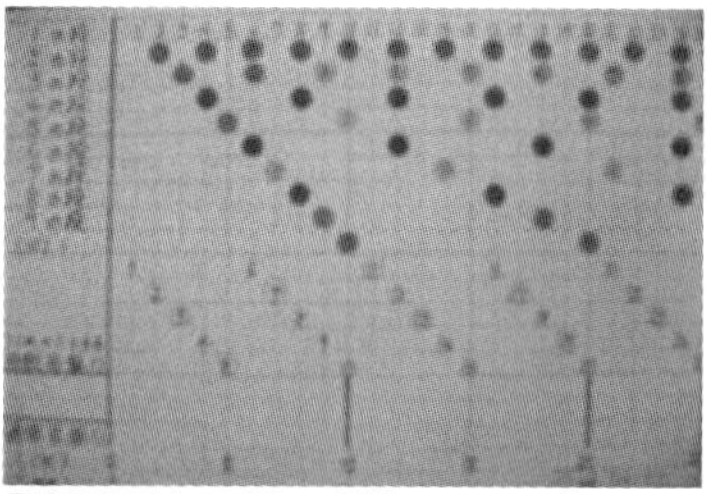

「**等間隔表示器**」（学習シート）

「**等間隔表示器**」（スケール）

この「等間隔表示器」は初めて特許申請した作品だが、この頃はまだ審査請求を行なうべきものとわかっていなくて、そのままホッタラカシにしてしまった。

開発経緯

形がまちまちなキッチン用具の整理用として、これぞといった設備はなかった。壁に一つ一つを吊るしておくか、引き出しにばらばらにしまうかである。長い取っ手部を有する物に関してだけでも、まとめられないかなと思った。

初めて意匠申請したのがこの作品だ。意匠は六面図の描画で済むので、文章を書くより楽だった。複雑になると、細かい箇所で表示間違いが起こりやすく、拒絶理由通知書が届くこともあるが、そんなときは意匠も拒絶理由から始まるので心配はなく、〝素直に〟指示に従えばよい。

特許のように審査請求の必要はないので、同じ価値があるとすれば、安上がりだ。もちろん、個々のアイデアの性質や描き方によって多少状況は変わる。

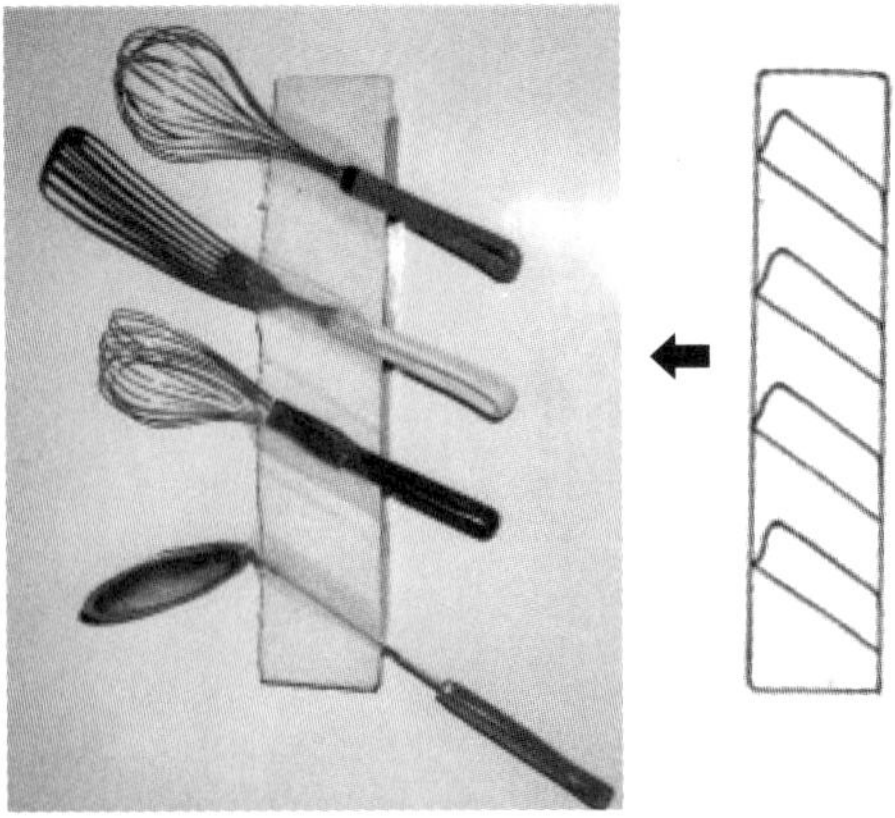

「調理器具整理具」（右は正面図、左は調理器具の整理例）

構造・使い方・メリット

本体に斜めの溝があり、そこにストッパー片をセットする。ストッパー片は着脱可能に作ってもよいし、固定してもよい。調理器具の厚みか幅がある玉部で引っかかって留まるように、鋭角で設けた。

清潔にするためには、カバーですっぽり覆えばよいと思った。

再生の会に声掛けがあり、「新商品アドバイザリー」として、キッチン用品を製造する会社の開発会議に参加した。

ショウルームにはこの会社の過去から現在までの商品が展示され、未来の理想のキッチンスタイルが提案されていた。

いろいろな団体から集められた約30名のアイデアマンたちが、アイデアを書いた付箋を壁に貼り付けていった。

質疑応答に入る。私は、「流し台付近を噴水のようにして、クレソン、サラダ菜などを根付かせ、せせらぎの音も聞こえそうな仕組みにして」という構想を提案したが、反応がなかった。続けて、「調理器具整理具」を「意匠の権利は失効していますが」と提案したら、「使用してもよろしいか」と言われた。「どうぞ、どうぞ使ってください」と応えた。

今も実現を期待しているが、それらしい器具を未だ見ていない。

「調理器具整理具」もそうだが、葉物類を長持ちさせる小宇宙的な流し台も、私の案を基にした器具やシステムが取り入れられて、どこかで作られ世に出てほしい。契約など求めない。

竹とんぼの本を出版した先輩の弁だが、「心の広さを持たねば、道は開かれない」そうだし、発明の先人もまた、「欲から離れてからよい発明に出会える」という言葉を発信しているから。

こういう言葉を重視している私は、まだまだ欲から離れてはいないことになるけれど。

バッグ内のポケットの大きさに決まりがあるか

私が「家を買う」と言い出したとき、再生の会の委員仲間が心配してくれた。購入契約日当日にも彼女たちからメールがジャンジャン入ってきていた。私は無理をして委員になったけれど、この人たちと知り合えてよかったと思った。この会にいっそう力を入れようと思った。

「心配でしょうがない」「大根じゃないから」と、むしろ怒っていたのは、いろんな分野の商品を作っている土地持ちの先輩だった。

ある日、テレビ局から再生の会に「商品を紹介しないか」との呼びかけがあって、みんなで発明品を持って出かけた。私が先に終わり、その先輩の番を待ってから、彼女に新居に立ち寄ることを提案した。

テーブルと椅子が揃ったら、仲間を招待したいと思っていたし、無論、心配して不動産会社を紹介してくれた彼女には、一番初めに見てもらうつもりだった。

彼女は玄関へ入り、廊下を歩き、部屋に入り、その都度、言葉を連発した。

「よかったわね、本当に、失敗しないで。何を買うか心配で、心配で。最初の頃は、あんな大きな家を買うなんて言ったり、富士山の見える所がいいなんて言って遠くを探していたり。どうなることかと。全財産をつぎ込んだけど、これでよかったわよ。人生いろいろ、どうしようもないときもあれば、上り調子になることもあるからね」

彼女は背が高く、力持ち。バッグも体に合わせて大きい。80歳を過ぎているが、点滅を始めた信号の下を、少しは若い仲間たちより率先して走り出るような人だ。

スマホが鳴り、彼女がいろいろ入っているバッグに手を入れ、ゴソゴソと掻き混ぜるようにして探している。

「あーあ、また間に合わなかった」と言い、音がしなくなったバッグの角の方を確かめた。「いつもこうなるのよ。鳴っている間に捕まえないと」と言いながら、スマホを取り出した。

「娘からなの。夕食を作って待っているって。これから帰るわ」

駅に向かいながら彼女は、「とても美味しい料理の作れる良い娘なの」と付け加えた。改札口を通って進む、すらりとした後ろ姿を見送った。

「底抜けポケットを有するバッグ」

開発経緯

バッグの中に設けられているポケットの深さが気になっていたことが元になる。

スマホを取り損ねやすい土地持ちの先輩のみならず、整理能力に欠けている私こそ、スマホが鳴ればいろいろ入っているバッグの中をごそごそ探さねばならない。

スマホや財布の取り出しやすいバッグが欲しい。ポケットの大きさや深さには決まりはない。前面部、後面部と、底面部の境目まできっちりあるポケットなら、私としては気持ちがすっきりする。

構造・使い方・メリット

バッグのポケットは、どの深さで留めるのが理想的なのかと考えた結果、前面部と後面部の向かい合うポケット同士が、底で貫

「底抜けポケットを有するバッグ」
特許第 6260781 号

通し合う形に行き着いた。前、後の主面部のどちらかの挿入口から、スマホを入れても同じ底に届き、どちらの挿入口からでも取り出せることになる。

その他の貴重品も入れられ、底ならば貴重品を掏《す》られる心配はない。

「斜形帯体仕切り部付きバッグ」

開発経緯

「斜形帯体仕切り部付きバッグ」は、「底抜けポケットを有するバッグ」と同時に生まれた。本体バッグの底までポケットがあれば、ポケットの底は無くてもよいという考え方で、本体内部を一周する帯体のみを有する形態になった。

構造・使い方・メリット

帯体と本体の接合が必要なので、主側面部のどちらかの両端と、反対側の主側面部の中間位置1カ所の3カ所で縦向きに接合した。一見、普通のエコバッグだが、帯体を中側に引き込むと帯体はV字状を呈する。名称を「Vバッグ」にしよう。

バッグの主面部の幅に近い幅の書類が入り、ペットボトルのよ

「斜形帯体仕切り部付きバッグ」
特許第 5370837 号

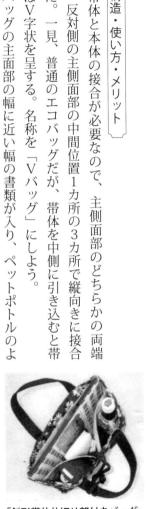

うに厚みがあって固定しにくい物は、角部より中に引き込んだ帯体が包み込むようになって固定できる。

特許を申請して1年を過ぎ、優先権がすでに間に合わなくなったときに、本体の底面形状が必ずしも長方形とは限らないことに気づいた。本体が円状の場合でも仕切りができるように書いて、「輪状帯体付き物入れ」の名称で別の特許を申請した。最初の申請が無駄なことになってしまった。

申請書の内容不足を指摘してもらえる、〝申請前友だち〟が欲しい。

◎特許申請後、優先権の間に合う半年の頃に、請求項を読み返したほうが、私のような失敗はなくなる。

ただし、都合よく、気がつくとは限らないのが、残念なのである。

原発再稼働の阻止

2014年（平成26）5月21日、高浜原発に関する福井地裁の判決。人の命と甚大な被害と、電気代や貿易赤字を天秤に掛けて、再稼働を選ぼうとする電力会社に対して、否を申しつけた。「こういう判断は初めてで、司法の流れが変わった」と元判事たちが語っている。

人間の命存続の土台の地球であって、命の切断へ向けて、地球を変質させるしかない原発ではないのか。これに対して稼働したいという考え方があるなんて。

東日本大震災で事故を起こした原発では、試みた凍土壁もうまくいっていないそうだ。放射能の予防薬を事故の前に住民に与える？　そんなアイデアしか出せない情けなさ。

ある事件と実用新案

今日は再生の会の事務局で全体作業。その後、私は担当する季刊誌の原稿依頼や編集作業に移る。

季刊誌では、会員の活躍を取り上げたり、商品化へ向けてのチャンスを提示したり。そのほか女性が不利益を被る事件についても取り上げる。直截《ちょくせつ》的な発明の勉強はもちろんだけれど、発明業界のあり方なども考えるきっかけになるような記事を発表する。

最初に取り上げたのは、一人の会員に起きた〝乗っ取り〟とも見える事件のこと。その文章は、今まで抱え耐えてきた気持ちが発信場所を得て一気に噴き出した感じに受け取れた。たまらなく悔しい思いで書かれた彼女の文は長く、他の記事とのバランスを考えて、4回に分けて連載した。

ある企業が、彼女との契約を破棄した後、形や図柄をわずかに変え、機能説明を加えて別の知財を申請し、自社の案として製造を続けている事件だ。

これは倫理的にも許せないのではないか。裁判までは起こせない弱者をいい加減に扱うことを、見過ごしていいのだろうか。この事件を知って以来、私は当該企業への提案をきっぱり取りやめた。ま、当企業にはこれっぽっちの影響も生じない抵抗だが。


知財を仮に実用新案とするなら、特許申請書に書き方不足があったり、権利を取り損なったりしたとき、この実用新案を申請してはどうかと思っている。彼女の事件の場合は、企業が他人のアイデアを自社のアイデアに化けさせたことが悪いのであって、自分のアイデアの一部を変えたり付け加えたりして申請をし直しても、何も悪くはない。

実用新案は自己責任となるので、審査がない分、怖い結果になる心配もある。「実用新案技術評価書」(※)を申請し、先願の有無を確認したほうがよい。ただし、評価2であっても、問題なく売れている作品もあるので、評価数値についての価値は一概に言い切れない。評価に惑わされることはなく、自分の目で自分の力で確認をすべき範囲だ。

以前、契約に至った会社から、「まあまあ、真面目に申請したのかい」と言われたことがある。いまだにその本意がわかっていないが、いちいち権利等は取らなくても、「申請中」と書き添えておけばスルーできるのかなと、解釈してもみる。

また、イベント会場で「私はいちいち知財の申請などせずに、作ってさっさと売ってしまうわ」というお客さんに会って、知財取得の是非について判断しかねている。権利が自分の手になくてもよい範囲の作品だからなのかなと思ってみたり――。

その頃の私は、実用新案を申請すれば権利が取れるものと思っていた。少し考えるようになって特許申請に変えた。だからといって、特許と実用新案の、仕組みの違いについては理解できても、効き目、効き方はよくわかっていない。効き目、効き方のほうが大事なのだと思っているのだが。

※実用新案技術評価書：特許庁の審査官が、設定登録された実用新案権の有効性を客観的に評価した書面のこと。審査官は先行技術文献の調査により新規性、進歩性などについて判断する。同評価書は実用新案を出願した後であればいつでも請求することができる。

委員会

会計担当の〝上司〟と〝部下〟

「私は外資系に勤めた経理のプロです！」と、最初のミーティングで委員の一人が力強く自己紹介した。こんな頼もしい人がいた、よかった、再生の会は何とかなる、と私は喜んだ。当然のごとく彼女は役員に選ばれた。期待の中、ぐいぐいと我々を引っ張っていくはずだったが、なぜかこの会の経理処理に時間がかかりすぎていた。

「私の仕事は経理です。他の仕事はしません」と明言する。彼女の中では経理が他の仕事より格が上らしい。勤め先での私の立場は、お金を稼げないから格下とされているのだけれど。

彼女は、私たちが経理について議題に取り上げようとすると、委員会を欠席する。吹けば飛ぶような会としては一番大切な分野なので、その他の欄に隠し込んで招集する。が、この議題になると彼女は話題を別のことに振って避けようとする。おまけに現在、会にいくら残額があるのかを応えない。

それどころか、経理担当として組んでいる〝部下〟に対し、「私はあなたの上司だから、あなたは命令を聞くこと」と命じ、「あなたがちゃんとしないから、私がとばっちりを受けるんじゃない」と叱っていた。

失敗はすべて人のせい。その人は「すみません」と謝る。彼女だって80歳を超えたとはいえ元銀行員。〝上司〟の指示を待っていたのでは仕事が進まないので、急を要する入会手続きや入出金などをこっそり処理していたようだ。

今日も〝上司〟がいないので、監査が書類に押印できず困っていた。これまで〝上司〟に関する愚痴をこぼすこともなかった〝部下〟の彼女が突然、「書きたくない文面を書くように命令されたりしていました」と告げた。

聞けば、ある委員の違反を指摘する文面を見せて、「そっくり書き写して署名して、彼女に送りなさい」と命令され、逃れようがなくそれに従ったとか。

委員会の開始時間には委員長も現われたが、〝上司〟本人が来ない。こちらからのファクスやメール、電話でのへりくだった懇願で、2時間後にようやくやってきた。忙しい委員長はすでに退室していた。

監査役が、「勘定科目などの書類をまだ渡されていませんので、監査としては但し書き付きで押印します」と言った。それに対して〝上司〟は、ツラッとしている。

次期委員認可の選挙へ移ると、〝上司〟が立ち上がり、みんなに向かって、「きちんと仕事ができる人を選ぶように」と言った。「ええっ？」という表情で全員が彼女を見た。

この日、〝上司〟は落選し、「委員失格」の烙印を押された。


このことがあった直後、委員長が辞任の意向を伝えてきた。〝上司〟から届いたメールが原因のようだ。委員失格に不満をもつ〝上司〟の、「会って私の話を聞いていただけなければ、マスコミに先生のお名前が流れ出ることもあろうかと思います」という内容だった。

再生の会として出発する際、快く委員長を引き受けてくださったときには、有り難くて涙が止まらなかった。そんな委員長にこれ以上、迷惑をかけるわけにはいかない。

その後、新しい委員長が紹介されたが、この新委員長は会員たちの人心を掌握することができず、短期で去ることになった。


解体を選ぼうとした女性アイデア研究会の旧委員会に対して、裁判を起こしたい気持ちがあった。けれども、彼女たちが主張した解体の理由が嘘だとしても、どうすれば嘘ということを明白にできるのかわからない。また、どうすれば以前のように良好な関係でAデパートとのイベント開催が可能になるのか。弁護士の無料相談にも頼りながら、再生の会の歩み方を模索しているが、目前の会活動に追われて後回しになっている。

後日、顧問になったばかりの弁護士から、委員失格となった例の〝上司〟に関する問題について、指導を受けることになった。

彼女の行為については、「前委員長への脅しとして問題にすると、前委員長を余計な騒ぎに巻き込みかねない」と説得される。無理矢理、文面を書かせた件についても、「ナイフなどで強要していなければ、恐喝とは言い切れない」のだとか。彼女の夫に妻である彼女の迷惑行為のストップをお願いしたいところだが、それを願い出ることも問題、という助言だった。

これではにっちもさっちもいかない。委員会内で解決する方法はないものか。

運　転

私の勤め先は少しずつ規模が大きくなった。本社は作業に手狭になり、製品を製造するためにも工場が必要になった。工場を建てるなら街中が何かと便利だけど、塗料やシンナーを使うので建てられない。値段も高い。

工場建設地を探しに社長と一緒に何度か山道を辿った。運転自慢の社長が免停になって、私が「へったくそぉ」と叱られながら、1カ月間、あっちへこっちへと運転した。社長が言うには、私の運転技術は、スピードは出すし落ち着きはなく、注意力散漫でひどいらしい。それでもまだ大きな事故は起こしていない。

新工場が完成した。これにより勤め先が以前より近くなり、私には好都合だ。工場は最寄りの駅から遠いため、車の運転ができる私が従業員の送迎担当を命ぜられたこともあった。後部座席での話に気を取られ、信号が赤なのに渡りかけてしまい、それ以来、送迎を頼まれなくなった。屈辱？　とんでもない。嬉しい。

このころ浮かんだアイデアが「助手席安全ＢＯＸ」。さっそく特許申請書を書く。今回は意匠の方を先に申請し登録査定されていたので、特許取得は無理と承知していた。意匠分の内容を書き、新しい形態の大型分を書き加えた。

この作品について、なんとなく会話に出したら、新しく委員長になった人が気に入って商品化の話になった。しかし彼女が頼りにしている相談役から、「車にかかわる商品は、事故の関係で大手の問屋は扱わないから止めたほうがいい」という忠告があって、取り消しになった。

産業技術センターに尋ねると、「法的には何も問題はないが、たしかに車関係は避けたほうがいい。ＰＬ保険に入って対処する方法もある」との、アドバイスだ。

進むか退くか。一老婆が手を出すには危険な賭けとなる。すでに「分スケ」にお金をかけて、私は息も絶え絶えなのだ。

「助手席安全BOX・小型と大型」

開発経緯

スピードをそれほど出していなくても右折や急ブレーキで、助手席に置いた荷物は滑り落ちる。助手席に重めの空き箱を置いたり、始めから足元に置いたりしていた。

スマホで話し終わると同時に運転を始めることが多いが、スマホを無造作にポンと置きたい。食べかけのお握りもポンと置きたい。おでんをひっくり返すことなく運びたい。

構造・使い方・メリット

食事はのんびりと時間を取りたいものだけど、乗用車内でコンビニ弁当を昼食にすることがよくある。

衝撃が加えられた場合、衝撃に柔軟に対応できる材質が好ましいと思って作ると、自立しながらも、ぶつかっても痛くないおもちゃ箱になった。レストランの座席上にも設置できる。車内では後部座席にもセットでき、荷物がまとまり車内が整然としてくる。

「助手席安全BOX」をヘッドレストに留める

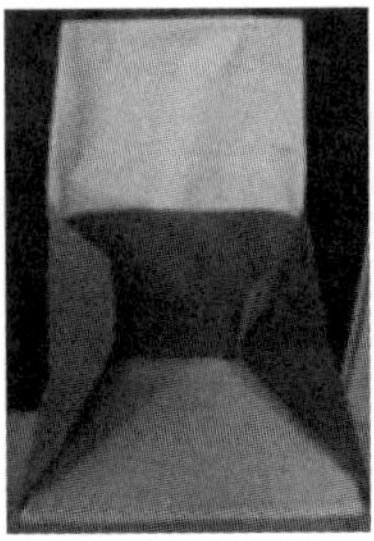

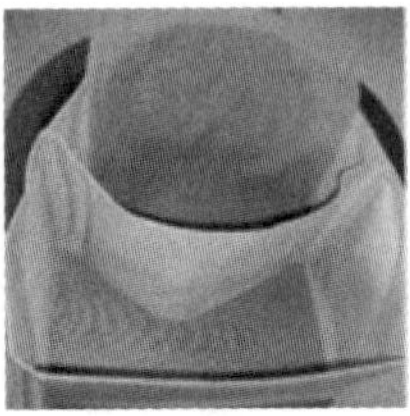

「助手席安全BOX」（左は畳み方）

ボックス内に「貴重品はない」と思わせるために、中がよく見えるように前後面部を鈍角で設けた。もっと中が見えるネット状のスケスケの生地にしたかったが、そのような生地では作れないと断られた。

大型（上の写真右2点）には、中側に書類やバッグ類と食べ物等とを区分けして固定するための、必要に応じて引き出せる仕切りを設けた。仕切りは2側面部と後面部の内側の前後向きにnの字状に添う。

手縫いの試作をヘッドレストに留めて、時速60キロメートルで直線の田舎道を走行し、急ブレーキをかけて実験をした。ヘッドレストにひっかけたストッパーがしっかり機能して、とくに頑丈でもないストッパーだけど、本体は留まっていた。不思議な気がした。

それ以上の速さでの実験はできていない。

近頃、あおり運転が問題にされている。後ろ向きに鳴るクラクション装置が欲しい。

あるとき、国道の追い越し車線に出たとき、ぴったりくっついてくる後続車に気づいた。左車線が空いてやっと逃げられたが、周囲からは、前方の空間に向かって、プピー、プピーと助けを呼ぶ私の車はどのように見えていたか。気がついてもらえたにしても、助けられようがないけれど。

車検終了。エアークッションが壊れていたために、20万円を超えてしまった。きついな。

改　姓

改姓のため、亡くなった母と元夫の除籍謄本と自分の戸籍謄本を持って、家庭裁判所を訪ねた。10月2日に面接が形式的にあるので、不足分はそれまでに準備すればいいそうだ。面倒だな。同時に戸籍も変更してしまおう。

前の家の不動産は、更地にしたら数倍の税金を支払うらしいから、本格的な引っ越しを慌てする必要がない。たまに様子を見に行くと、庭木がすくすく伸びて、郵便受けには役場からの伐採要請の書類が入っている。

第四章

閃き活性化術

商品自力開発

新年

２０１５年（平成27）、初めて新居へ届いた年賀状を読み返す。東日本大震災に遭ったその年に母が亡くなり、それ以来、こちらからは年賀状を出すのは止めたが、引き続き届けてもらえる気持ちには、自分には作れない華やかな装丁の賀状をコンビニで買って応えている。

二日早朝、賀状の不足分を買ったらすぐに帰るつもりだったが、牛丼店が明るく灯っているのが目に入り、ふらふらと立ち寄った。

焼き魚の朝定食を頼む。紅ショウガが添えてある。頼んだのは牛丼じゃないけど、紅ショウガは朝定食でも食べていいのかな。シャケの上に盛り、シャケの身と紅ショウガを併せて食べる。あれ、旨い。

客は私を含めて女性が３人、男性が１人。これから仕事に行くのよね。牛丼屋さんも働いている。さあ、私も、社長が工場に届けているはずの、会社分の賀状を整理しに行かなければ。初めて届いた賀状があれば急いで返信しよう。

今年は、再生の会のコンクールの審査スタッフになった。審査員は当然のことだが、公正を期すため、スタッフもコンクールに応募することはできない。毎年、応募することを励みにしてきたが、これを機会に、応募に意味を求めることから卒業しよう。入賞は入賞、商品化は商品化で、この2つは直結するものではなかった。

現に私もトップ賞を受賞できたが、お金をかけた試作品は部屋のどこかに隠れてしまったまま。女性アイデア研究会の賞としては、中位程度のほうが企業による商品化になっている。

商品開発の努力

売り込みをすれば、まずお断りが。しかしここで諦めればハイ、終了。商品化をしなければ日本経済への何の刺激にもならない。企業に受け入れられなければ、自力で開発していく努力が必要だろう。私は諦めが早すぎたようだ。

現在こそ百億円近い売れ行きがある人もいるが、会社を設立した先輩方の多くは、企業への売り込みが進まなくて自力開発なのだ。「会社をもつことは大変な苦労なのよ。商品化していただけるほうがどんなに楽なことか」という声も聞こえる。

私の場合、朝のうちに、「良い返事が今日届くと決める」ことを魔法と呼ぶが、そうして一日、上向きでパンを得られるほうの仕事を頑張る。投函後、一週間ぐらいになると、むくむく期待が沸き上がり、この魔法を使ってみるが企業は振り向かない。

70社に売り込んで商品化に結び付けたという話が放送された。自分はせいぜい5社止まり。気持ちを込めて書き、気持ちを込めて投函するが、「お断り」を受け取って息が切れ、自信を失くし、次の作品に集中し気を紛らわせて、そのうちに忘れる、この繰り返し。

勉強会の後、会員を加えての夕食会兼反省会で、若者が質問してきた。

「何度も売り込んでいますが、なかなか商品化の許可が出ないんですよ」

「答えは簡単。あなたが会社経営をして多くの社員を抱えていると仮定すれば？　よほど確実なアイデアでなければ商品化はできないでしょ」

良い回答をしたとは思うが、実は私も考えが甘い。自作に根拠のない自信があって、なぜ受け入れられないのかと思ってしまう。私の大きな欠陥は、製作費をまったく考えに入れず、造形自体を楽しんでいることなのだろう。

昔は、一つ特許が取れたら一億円の収入になると単純に思っていた。実際は、一つ取れたら、20年の権利維持のためだけに百万円以上の出費が必要になる。採用されたとしても爆発的に売れない限り、自分の収入分は特許維持費に届かない、これが私レベルでの現実。

ただ、商品化が実現したら、次の一歩を踏み出す踏ん切り力と、ばく進する力が生じる。これは大きなメリットだ。

あるとき、企業に商品開発の売り込みをした会員から、「こんな書面が届いた」と連絡があった。この会員が受け取ったのは、Ａ４サイズの紙一枚。内容は、提案者に対して企業側の方針を表明するもの。一、提案者は提案内容の権利を放棄したものとみなす　二、当社は提案内容を返却する義務を負わない　三、当社は提案内容について守秘義務を負わない　四、これらの方針を提案者が同意するしないに関係なく、当社が提案内容の全部、あるいは一部と同一または類似のアイデアを開発・実施した場合、当社は代償の支払いなどの責任を負わない――、という内容だった。

売り込みについて、考えなければならない部分かもしれない。書面に社名は記載してある。相手をよく知らずに、やたらに売り込むことに警鐘を鳴らしていると捉えれば、この会社は親切なのかもしれない。

今日が締め切りの特許の審査請求をする。特許取得の可能性は低いから「金銭的に無駄になるかもしれない」と悩んでいるうちに、締め切り期限になって、提出を忘れるところだった。

私にとっては審査請求の料金は高い。夫がお金持ちでも、収入がないからという理由で、主婦は免除されるらしい。私の場合は、年寄りという理由で免除されないものかな。自力で前向きに生きようとしている人こそ、応援して欲しい。

どうしてこんなに高いのか。支払ったお金は何処にいく？

◎誰しもアタックし続けなければ、望む明日は来ない。

アタックし続けること、これが生きることなのだろうな。

今、気を入れたいのは小さなカードの整理具。このアイデアは思いついたばかりで、まだ権利を取得していないのが気がかり。それでも自分が使いたいからまず作ろう。

そうだよ、自分が作りたい物を作ればいいじゃないか。売れないという心配のある物（全部だけど）を作ろうとするとき、自分に対して罪悪感が生じてしまうが、観点を変えて楽になろう。何かを作ったりお絵描きしたりしていた子どもの頃の気持ちを取り戻そう。

発明というならば、気持ちだけの満足に浸ってばかりではいけないのは百も承知。作るまでは燃える心に任せ、その後は言うまでもなく大人に戻り、きちんと実際に使い、冷静に診断して、進む進まないについて判断していこう。

知らない企業を訪ねるのは億劫。できれば優しい人だけと付き合いたい。もう恐い人と会って心をすり減らしたくはない。こんな考え方はすでに生存競争に負けている。残念だけど老いた証明だ。

それでも気持ちを前向きにすると行動力が生まれる。生地関係のＤ工芸社を訪ねよう。東海道線に乗る。旅だ、なんだか楽しい。

開発中の「カードツリー」と「靴下ペアネット」の生地と図面を渡し、試作品の縫製を依頼した。東京駅で弁当を食べ、百均店に寄って帰宅。一旦腰を下ろすと動けない。部屋の隅に重ねた布団の山に這い寄り、ぐったりと眠り込んでしまった。

せっかく、半日が空いたというのに、何にも活用できなかった。弱くなった。

「カードツリー」

開発経緯

机上に小さな名刺などのカードやクーポン券が散らばっている。失くしてはならないが、今は必要ない。こんなときに、一時しのぎ用のポケットが欲しい。従来物として壁掛け類は多種あるが、襞《ひだ》折りの一本タイプはない。意匠は登録査定。

構成・使い方・メリット

前面部に上端ラインをずらしながら襞状に折り畳んで段を作り、一枚状の後面部とともに、左右両端を接合する。家族が必ず目にする玄関ドアの内側に固定する。簡単に成形できるのがメリットである。

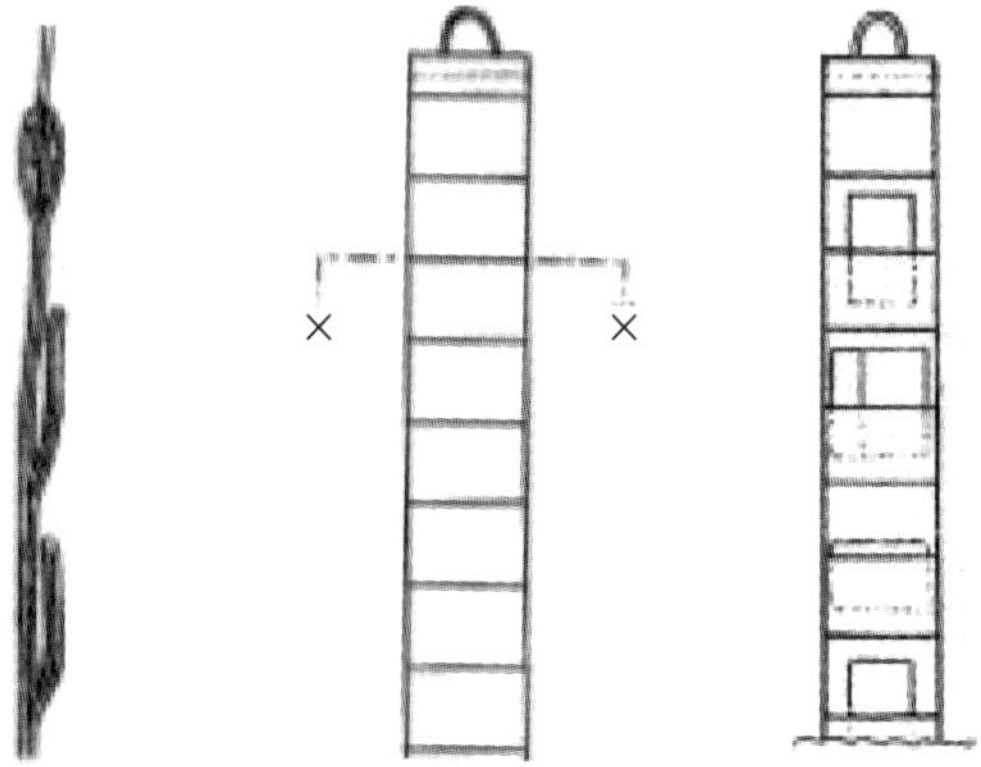

「カードツリー」 右から使用図、正面図、縦向きの断面図

Ｄ工芸社からは3カ月経っても試作品が届かないため、大阪の縫製会社に依頼すると、2週間で届いた。私の手縫いのひどい試作から、別物の奇麗さになっている。これがプロの縫製というものだな。

14ポケットができそうな反応で喜んでいたが、「14ポケットは長くなるため、機械裁断だから生地がずれてくるので無理」との言葉が添えられていた。豪華な生地で、14ポケットで作って、部屋を飾るインテリアにしたいのだが。

7ポケットが可能なのだから、二つを繋げばいいのだと気づき、その具体的な構造と繋ぎ方、その位置、寸法を図面で示し連絡したが、届いた見積もりでは縫製代が割高すぎた。

「糸 針」

開発経緯

目が悪くなり、糸を通すことがとても面倒に感じるようになった。太めの針を使えば糸を通しやすくなるが、生地に大きな穴が開く。

最初から糸が通っていればよいのだ。金属針は危険な物なので、避けられるものなら避けたいと思っていた。石を材料にした紙もできる時代、針は金属でなければならないことはないし、糸が石であってもかまわない。

細いビニル糸は既存する。このビニル糸の一端を工夫すれば、生地に刺し込める硬さの針部は作成可能ではないか。また、ハサミで切れる範囲であれば、使用者が針部を作成することもできる気がする。

糸部の端部を針部にして特許の申請をした。

しかし、釣り糸が水鳥に絡まった写真を見て、売り込み等への気力がなくなった。

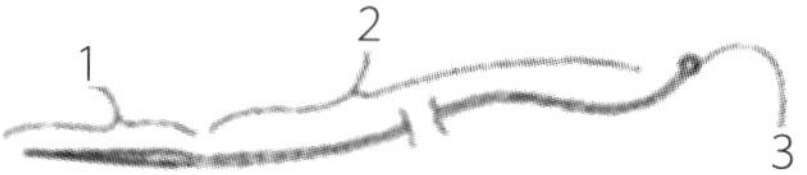

「糸針」 1針部、2糸部、3こぶ

閃き

アイデアが閃くのは午後10時5分だと聞いた。何を根拠にしているのか。

その頃、私は完全に夢の中。私の場合は、お風呂でのんびりできたとき、また風景の中に偶然できたラインや奇妙な形を目にしたときに。あとは車を運転しているとき。

発明にかかわる前は人形劇団を仲間と創設し運営していた。歌詞も書き作曲もし、前座で歌い踊った。人形や小道具やセットも作った。「あなたって、アイデアがポンポン出てくるのねえ」と珍しがられたり、「次々に出さないでよ、現実に可能かどうかを考えてからにして」と、ストップをかけられたりした。

劇団仲間からの言葉を拾って、発明への道筋を無意識に形作っていたと思う。

幼いころからずっと数学を学びたいと思っていたが、「女は数学なんてできない」という当時の大人の言葉に影響され、自ら数学ができないと決めてしまっていた。母ががんになり、命の現実を見たとき、自分の場合は数学を学ばないことが悔いになると思い、40歳半ばで通信教育を受けた。

虚数をグラフに表わすとき、「えっ？」と思い、その時点まで数学が観念世界の学問であるという意識がなかったことに気づいた。

大人の顔をしながら、自分の脳は大人としての最低条件に届いていなかった。まだまだ、多くの強い膜体の壁があって、発想や正しい判断の邪魔をしているはず。私のいる次元はどの層辺りなのかと不安になる。何やかやの根拠不明のしがらみから解き放たれて、あらゆることに対し、より正しい結論を出したい。

ドッペルゲンガー、パラレルワールド、タイムトラベル、テレポーテーション、ゴースト、これらはまだ私にとって同じ種類でしかない言葉。私の脳を一度叩き割れば、境界の強情な膜体が見えて区別できるかも。この膜体を切り開けば高次元も感得でき、発想は自由にめくるめくはず。こういう質の脳にしたい。

ある人が、「神様の棚にアイデアを投げ上げると、思いがけないときにそこから答えが降りてくる」と言った。その人の説明のように神が在るなら、その後ろに立ち、神の思惟をコントロールしたい。そうして私にたくさんの価値ある発想を与えさせたい……、いや……、私達に、短い人間の一生を価値あるものだと伝えさせたい。

アイデアは、ふと自分の中で焦点が合う瞬時に感じ取れるが、さっと去るものだから、図を描き止めなければ消えてしまう。文字での説明を入れておかなければ、あとから見て何の図柄か分からなくなる。謎が解けたら、何十億に変わる紙切れが、部屋のゴミとしてたくさん転がっている。はず。

もちろん、不便を感じることからアイデアは生まれる。書き留めた作図から、それぞれのパーツがなす仕事を考えて、仕事をあまりしないパーツに気づければ改良の余地がある。


アイデアが完成に近づく頃、右利きの場合だけを考えていたら中途半端だから、左効きの場合も考えてみる。すると特許申請の文章は変わってくる。意匠なら二つの意匠が必要になるが、兼用できるような形に変更すれば一つでもかまわなくなる。上下、左右、大小、表裏、単体と複体、使用対象者の差異などにも注意する。

最終的にいろいろな観点から自作に揺さぶりをかけてみると、表現不足に気づくことが多い。そこは大きなポイントで、この不足部分こそ発明かもしれない。切り口の取り方によって、一見、小さなアイデアも特許的に豹変する。助詞の使い方で、極小な範囲に留めてしまう場合もある。ここはデリケートに向き合わなければならない過程だ。

このように熟考すれば、より良い形状の発明誕生に結びつくのではないか。示した機能が根幹を示さず枝葉の部分に過ぎないとしたら、そこで締めくくるのはもったいない。

発想点の拡がりを自ら抑えては大損。発想点は必ずしも一点ではなく、多次元へと拡大膨張するもの。発明家ならば、閃いたアイデアの繋がりを根こそぎ吐き出したい。そして全部を書き取って分類整理し、特許申請書に纏《まと》めたい。

中途のアイデアが溜まり、整理が追いつかない。考えを整理する広いスペースが欲しい。閉店したファミレスを買い取りたいと思った。最低一億円以上はするだろうと聞いたが、いや聞く前から手が出ないことはわかっている。

でも仮に実現したら、ファミレスのそれぞれのテーブルに途中まで進んだアイデアの資料を載せておいて、閃いたとき、逃さずすぐにその続きに取り掛かりたい。

新居に荷物を少し運搬しようと思い、前の家に行く。居間に落ちていた紫色の厄除けのお札を開けると、入っていたのは珍しい形のマークが印刷されている小さな紙片だった。こんな物に過ぎないのに捨てることが気になった。まず開けていいのかどうかという、畏怖があった。何だろう、この中途半端な不安、怖れ。これを私だけでなく他の人々も買っている。実際には使えなくても、必需品になる。売れるのだ。

◎アイデアに、精神的な重みや不可思議な理由が加われば大事な物に変わる。

完全自由空間

一人で浮かぶ

土曜日、問屋街で、芯入り2本分の生地を買ってきた。かなりの重量で、床に置くと体がふわり軽くなった。

ふと、高層階の中間に私は居ると気づく。誰にも邪魔されないこの空間に、ただ一人浮かんでいる、と考えれば楽しくないか。

「もう少し心楽しくなろうよ」、そう思って、太い両足で床をトーンと弾いた。

この世を一人生きる自由。一人浮かぶ自由。そんなことを考える私の脳へ誰もストップはかけられない、思考の自由という大きな幸福。


自作が先願になるためには、当たり前だが、先願があってはならない。常識内でもごもごしていては、未来グッズの先駆者ではありえない。常識を切り開き前進するためには、同調圧力をはね返し、完全自由でなければならない。世間体？　何それ？

と言いつつ、その圧力は自ら作り出しているのかもしれないと、ふと気づく。

友人の元英語教員のビン子が、ある展覧会の水彩画に入選した。上京するというので乃木坂の美術館で会うことに。

学生時代、彼女がモッ子と私との3人組のリーダーをし、八ヶ岳に登ったことがある。その頃のビン子は私と同じような体型だったが、太鼓の趣味をもっていて、今はスマートだ。ぎっくり腰などを体験したことはないそうだ。

「一人で生きているのでしょ、一人で生きるにはそれなりの責任があるのよ。そんな体では、今に他人に迷惑をかけることになるわよ」と、忠告された。仕方ないでしょ、私は疲れ切って、朝昼晩、そこにあったお饅頭を食べて生き延びてきた、饅頭お婆なのよ。


ビン子の画題は枯れた蓮だった。

「水面がうまく表現できているわ。水の反射が巧い。その下には再生のエネルギーが静かに眠っている感じ、なんてね」と、自分のほうが美術科だったもので、少しかっこつけ照れながら批評した。

なにせ、入学したてのデッサン授業では、「こんな下手くそな学生を入学させていたのかぁ」という、教授の声が教室中に響き渡ったこともあった。ものの見事にずばり言われて、本人は瞬時に鎧をかぶった。周りの学生たちのほうがうろたえていた。

卒業制作の発表時には、日本画の教授に、「どうしようもないレベルだったが、やっと卒業できるまでに漕ぎつけた状態ですよ、疲れましたぁ」と、審査する教授たちに説明していた。まあね、第二志望でやっとこさの入学だったし。

結局、美術は理解できず、大学では下手という烙印を頂いただけ。それでもデザインの特別講義では、良い成績が記してあった。そのときの作品を何十年も経ってから、意匠で申請してみたら登録査定された。

「組み立て立体カレンダー」

久しぶりに美術科の友達から連絡があった。

「今まで具合が悪かったけれど生き還れたの。これから残りの人生でできるだけのことをやるわ。さっそくだけど、実は原発反対の署名がほしくて電話したの。それから、みんなの情報を知らせるね。黒ちゃんが車椅子になっちゃったの。やっちゃんは認知症、六さんはとうとうがんを治せず亡くなったのよ」

ああ、六さんは「分スケ」の広告を作ってくれた人。故郷から遠く離れて住んでいると、この世を去る大事なときが、気づかれないままになる。死に際の慌ただしさ。

「組み立て立体カレンダー」（展開図）

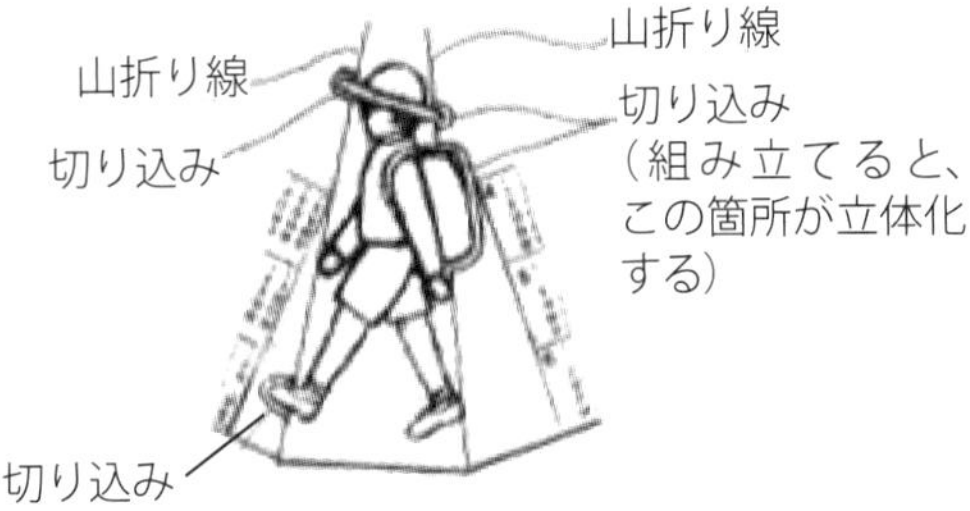

「組み立て立体カレンダー」（組み立て例）

「頑張れよ」と応援してくれた宏君は、「頑張ったよ」と応えられる日がくるように努力していたのに、起重機が落ちてきて亡くなった。それを長い間、知らなかった。

私に味方する人がポツリポツリ居なくなっていく。

開発経緯1

勤め先の大規模工事は終わり、アルバイトが次第に減り、私の事務仕事も落ち着いた。日曜日、朝市に出かける用意をしながら、普通の女性のような日常生活が始まったと思った。なんだかほっとする瞬間だった。毎週この朝市で買い物をしよう。

食べ物をいっぱい詰め込む。手にする籠がどんどん重くなる。大根とキャベツで限界、水までは持てない。これまではコンビニ弁当で済ませたり車を使ったりしていたから、気づきにくかったようだ。自分だけの食材でも、まともに家に持ち込もうとすれば、テクテク歩きでは大変。キャリーケースが必要だ。

通勤でリュックを使っていた。リュックはかなり重い物でも軽めに感じるので、とても便利に思っていた。ところがあるとき、心臓が苦しくなった。それがリュックに詰め込んだ書類等の重さのせいとは気づかないでいた。

書類やパソコンを運ぶためには通常のバッグでは重くて、以来、キャリーケースを使うようになった。けれども、キャリーケースでは必要になった物を取り出すには、大袈裟に開け閉め

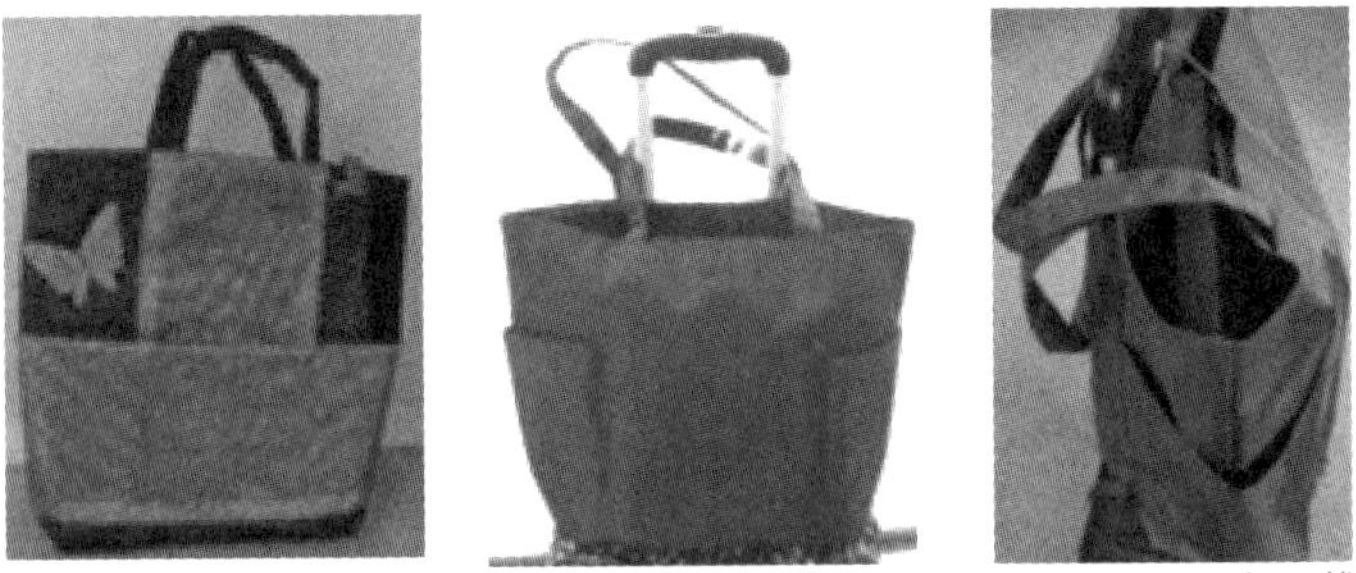

「駅弁・お土産 ON キャリー」 写真右から、キャリーケースの上に載せたバッグ、開口部にハンドルを通したバッグ、軽い素材で試作したバッグ　特許第 6194855 号

しなければならない。別のエコバッグ的な物があるほうが何かと便利になる。

バッグをキャリーケースの上に載せて、バッグの取っ手部とキャリーケースの取っ手部を一緒に持つが、少し傾けるだけでバッグはずれる。きちんと固定したいと思った。

開発経緯2

腕に持ったマフラーの端を地面にこすりながら、駅のプラットホームを歩いている人を見かけた。途中で温かくなってオーバーを脱ぐときもあるから、それらを入れる幅広のバッグが欲しい。

新幹線に乗るならお弁当を買う。それまでに荷物をきちんと作っているから、お弁当は新たな荷物。お茶も必要だ。バッグは大きく口を開けて、それらを待っているような形状で。

故郷に帰るなら、お土産を買うに違いない。優しい気持ちをいっぱい詰める特別なバッグだ。旅は楽しくなければならない、旅は優しくなければならない。普段はエコバッグとして、旅ではキャリーケースのお供の上段バッグとして。

構成・使い方・メリット

バッグ本体の外側周囲に、帯体を一周して二重に設ける。次に本体と帯体とを主側面部の中央のハンドルの通過幅分を残して左右を縦向きに接合し、その他の下端を本体と接合して、袋部に軽くて丈夫な撥水性か防水性生地を使用した。名称は「ONキャリー」。

私は、「ONキャリー」をキャリーケースに載せて出社し、帰宅時にはスーパーに立ち寄り、野菜などを入れるようにして使っている。今、心臓は苦しくない。

「ONキャリー」では、売り込み書類を投函したら、すぐに電話がかかってきた。

「特許も取れていてしっかりしたアイデアと思いました。私としては商品化へ積極的なのですが、上役と相談してから正式にお知らせします」

しばらくきょとんとしていて、じわじわと嬉しくなっていた。が、送付した書類のワンセットが返却された。「ありがとうございました」の言葉と謝罪が述べられていた。テレビのコマーシャルでも見る企業だ。提案者への対応の仕方がきちんとしている企業だなと思った。礼儀に神経が行き届くから、大きい会社になったのかもしれない。

「ONキャリー」は特許を取得できたので、再生の会の二度目の商品審査で、また落とされるとは思ってもみなかった。即売会では仕方なく販売テーブルの下に置いていた。「審査は間違いだった」なんてことになって、販売できるようになるかも、という望みをもって。

隣席のテレビで宣伝販売もしている同郷の先輩が、「これ、どうして陳列しないの？ 手伝うよ」と声をかけてきた。

「去年の作品より、よほどこちらのほうが商品として優れているわよ。まずは売れるということが大事なのよ。売れる商品が良い商品」と言った。

特許庁の面接

意匠申請の二つを拒絶される。これらにかけているというのに。

マイナス気分を外し落ち着いて内容をみると、異なる二つの意匠に対して、同じ先願を拒絶理由に挙げている。それはないでしょ。面接を依頼しなければ。

特許庁の審査官は50歳くらいの女性。意匠の六面図の表示に間違いはないし、詳細説明も間違っていなかったのだが、図面の描き方に不足があるとされた。

「不足分を書き添えた補正書を出せばいいですか?」と質問すると、「補正書は新たな物を加えたことになって認められない」という指導。

以前、すくい具で意見書だけ出して、大きな失敗をしたことがあるから、疑問が残るけど、素直に断面図を添えて意見書を出した。二つとも登録査定となった。

特許依存症と覚悟

それでも発明は続ける

やせ細った老婆が、山々に囲まれた夕暮れの崖の上に立ち、破れかけ黒ずんだ着物の裾をビラビラと風に翻していた。老婆、それは私だと、どこかで思っていた。砂混じりの唾を崖下に向けてペッと吐き、斜めに落ちていく筋を目で追いかけてから後ろ側の小屋に入り、中を通る溝をまたいで用を足した。水が流れ続けている清潔な水洗便所だった。良いアイデアだな。

暮らしていけなくなって山奥に逃げ込んででも発明を続けるのかと、目が覚めてから重い頭で自問した。

若い頃はベルト一本が洋服に合わなければ、外出しないくらいお洒落に気を遣っていたはずなのに、今は体を覆えばよいだけの感覚だから、この姿はどんなふうに周りに映っているか。外出時には、描画や作文に集中するために、見かけを最低レベルにはカモフラージュし、視線の刺激の邪魔から逃れる。一人で部屋にいる環境なのだと自分を騙す。

ファミレスで食事後も留まるときは、卓上の請求書の上にお金を載せておく。食い逃げの心配視線の刺激を受けたくないからだ。また、道すがら、レディなら決して座り込んだりしないような場所に座るときには、スマホを手にして自分を普通人として演出する。スマホに夢中になっているフリのつもりだ。こんな自意識過剰は不要かも。目立たない格好をするだけでいいかな。

特許法が制定された1885年（明治18）から130年目という節目のイベントに、再生の会が招待され、会員の知財申請数を発表することになった。私は多くの申請をして、これらを活かすことなく廃棄してきたが、この機会で、失効であっても申請数として活かされるので日の目を見るし、再生の会の株も上がるというもの。

会員の知財を特許情報プラットフォームで確認しながら提出表を作る。縫製プロの委員の意匠を検索すると、作品と名前が掲載されていた。「おめでとう、おめでとう、今確認しました」と連絡する。

以前、彼女にがんの心配があって、励ましていた私を逆に励まそうと、まだ登録査定されていないのに「合格した」と知らせてきていて、後で「ごめん、あれは嘘でした」と話していたのだ。

私と同期のC委員が、「この際、個人の特許の取得率を出そう」と言ってきた。私は、「条件が人によって違うので意味がない」と抵抗する。彼女に比べ、私は十数万円を支払わねばならず、多くの審査請求を諦めているのだから。

私の場合、一つ特許を書き終わる頃、次の特許に取り掛かる。絶え間なくアイデアに取り組んでいなければならない。だから申請数だけは多い。

父

ある日、京都の役所から新居に封書が届いた。それは父家族が以前住んでいた持ち家について、「庭を片付けよ」という連絡だった。妹に尋ねると同じ内容の封書が届いていた。そうして姉妹2人は、父が2年前に亡くなったことを知った。

「義弟がいます。私たち2人は住んだこともない家のことです。こんな連絡が届くなんて」と役所へ伝える声が、泣き声になっていく。

昔のことだが、大学に入学できて、一番初めに決行することは父に会うことだった。アルバイトで旅費を作り、訪ねた私に、「お金の無心で来たのだな、帰れ」と、私の気持ちを蹴散らし、同席していた義弟には、「お前だけが子どもだから」と、言った。

だから、義弟は２人の姉に父の死亡を知らせる必要を感じていなかったのだろう。父の遺言に書かれていたのかもしれない。

私が教職から転職した頃に遡るが、雑誌企画のミーティングを待って喫茶店で何気なく週刊誌を広げていたら、見覚えのある顔が目に入った。「歴史の断層」というタイトルを読み、まさかと思いながら読み進める。掲載されている本の作者が父だった。

「出版おめでとうございます」と書いたはがきを投函すると、「版元に10冊頼んでおいたから受け取りに行くように」という返事が届いた。

難しい昔の文字が並ぶ中から拾い読みをした。その本には「自分を支えた」として父の現在の家族の紹介が補足されていた。私の母と、その母が産んだ子どもの名前は、まったく記載されていなかった。

陸軍士官学校を出て間もない若い父は、戦後、公職追放に遇った。戦争犯罪人として処刑の手が格下の自分へと近づくのに怯え、実母の経営する医院へ逃げ込んで生きていた。若い頃の父を気に入っていた叔父は、父が変質していることを知らなかった。この叔父に、「賀状が返送された。電話も繋がらない。調べて欲しい」と頼まれ、京都に行って父を探したこともあった。その頃は、父は二番目の妻が亡くなり、義弟の住む官舎に引っ越していた。

職場を通して義弟とコンタクトを取り、義弟が、偶然に父と会える手配をしてくれた。90歳を過ぎて細くはなってはいたけれど、180センチメートルぐらいの大男は、柔らかめのお土産と発明品を差し出す私から走って逃げた。


父は私を産みっぱなしで育てなかった。母は産んで育てて逝った。弟は母との暮らしを望んだが、跡取りとして父側（実際は祖母）に引き取られた。医者の家だからと金をせびられ続け、高校の集合写真の四つの顔に×をつけ自ら逝った。この出来事が私を闇へ引きずり込んだ元凶だ。後で知ったことだが、生前、弟から妹への手紙に「僕は男だから、僕の力で家族をまとめる」と書かれていた。

母は父を「純粋でいい人だった」と言い続けて私を育てたが、こんな人が私の憧れ続けた対象だ。

友人の父親のように、特攻隊や異国の地で戦死した人たちの無念さは計り知れない。生き残っても、父のようにおかしくなってはどうしようもない。脚にケロイド跡が残っていた高校の先生は被爆の後遺症を気にしながら生き、がんで亡くなった。

人間の生命時代がこんな状態で良い訳がない。少なくとも日本の戦争はこのまま止めよう。今、流れている外国の映像は、バーチャルに違いない。爆撃の火の色と黒いがれき。逃げ惑う人々。あり得ない。人間を壊すな。

前の家の捨てるつもりの荷物の中に、私が書いてきた数冊の日記があった。今、この日記を捨てることは、生き直すための前進の行為。

若いとき、自殺日を決めるつもりで、日記を少しずつ破り捨てていった、それでも戸惑い迷い、一日一日死ぬ時を先伸ばしにしていた当時の行為とはまったく異なる。死神と戦ったような30年。この時間のもったいなさ。悲しみはゴミ。

生きて在ることを、気重に捉えなくていい。綺麗な花を綺麗と感じたらそれでいい。腹が減れば何か食ってそこに在ればいいことだ。

生きる目的を得たなら、それが極上の幸せを掴んだということなのだ。

大震災から6年経った２０１７年（平成29）。確かに復興は進んでいる。それでも、原子力を再稼働させるという決定がなされる。まったく理解できない。

土地を汚染され絶望して自殺した父親の遺志を受けて、農家を継いだ方が呻《うめ》いていた。

「汚染された土地に土を増やして除染はできたとされたが、これでは薄めているだけだ。こんな状態で再稼働するという現実。日本はどこへ向かうのか。日本はバカか」

ごっこ

再生の会の今

再生の会は、さまざまな問題を抱えつつも何とか踏ん張っていた。

国家資格取得での自社をもち、アイデアにも挑戦している新人委員の一人が、一年にならないのに辞めるという。「この会は〝ごっこ〟ね、もういいわ」と呟いて。

「ごっこにしたくなくて、頑張っているのだけど」と私は応えた。

彼女から見ると、お金を生まない団体の経営には呆れるばかりだろう。解体劇以降、委員たちの、無料奉仕だけで成り立っているとは。

「なんだか筋が見えないのよ。頑張ると嫌われるようだし」と、彼女は付け加えた。

そうよね。どうすれば、閃きがほとばしるような体質になれるか、互いに訓練し合える会にするのではなかったのか。

私の作品は商品審査で落とされ続ける。C委員に加勢する新人委員から、「この会として相応しくないという結論です。どこでも売る場所はあります。頑張って」と、言われてしまった。情けなかった。この会で売れることが喜びだというムードを作って、会員を引き留めなきゃあ。自分の作品なので反撃しにくかったし、他の委員からの私への加勢もなかった。

商品審査中に、私は部屋を出て踊り場で結果を待つ。C委員は特許庁での先願を調べるのではなく、売られている類似の作品群と照らし合わせて、「すでにあるもの」としているそうだ。審査をした委員に後から知らされた。確かに、バッグなんて、すべて同じに見えるわね。それでも特許庁は違うと認めたのに。

取得知財のレベルを上げ、条件をアップさせて再々提出すると、「ごね者」と言われて、一方的に商品審査を終わりにされてしまった。

電話転送

再生の会の事務局には常駐者がいないため、電話がかかってきたら転送されるという方法をとっている。勤め人の私は、せめてもとこの転送分を引き受け、会への仕事不足を補おうとしていた。

ある日、「私は死にそうです、助けてください」という電話があった。話の内容はこうだ。マンションが建ち始めたら、使用している化学物質が流れてきて、湿疹が出たり呼吸困難に陥ったりしたので、窓を全部閉めるしかなくなった。夫の洋服が吸って持ち込む空気の汚れも体に影響し始め、別居をせざるを得なくなった。化学物質過敏症だ。寒くなって電気器具で温めようとするとそれも使えない。なので、まったく化学物質が使われていない板材や自然物質だけの小さな囲み場所を作り、そこで生活しているそうだ。外との繋がりは電話だけ。

「本当に申し訳ないですが、我々には解決できないです。お医者さんのレベルです」と謝れば、「医者からも見放されている」という返事。そして「どうか、私のような者が生きやすくなる発明を考えて」と懇願された。

発明という大袈裟な言葉を使うと立派なことをやっているように聞こえるが、その実、自分程度のアイデアでは人々を救えるものではないと気づくしかない。便利遊びをしているに過ぎないのか。これもごっこだな。残念だ。

考えてみれば、発明コンクールで上位に選ばれるのは、大半が人に優しいグッズだ。誰かを救う機能を探している。私が学び進めたかったのはこういう人間工学だった。化学物質を扱うことは、知識のない私にはまったく手が出ない分野。誰か彼女を助けてあげて。

第五章

蘇れ！「マリリンなお尻」

脚を震えが走る事件

名刺交換

「うやうやしき名刺入れ」

開発経緯

団体の役員をするようになってから名刺が必要になった。勉強会では講師を探したり、招待企業に挨拶をしたりするときなどに不可欠だ。

敬意を表す姿勢を取ろうとするとき、自分の名刺を取り出した名刺入れを脇に抱え、小さな名刺を両手で持って差し出し、相手からの名刺を受け取る。このとき、できればもたもたしたくないものだ。

数名と連続して進める名刺交換時には、次の人に渡したい自分の名刺を先に重ねて持っておくことはできず、前に受け取った人の名刺を名刺入れに収め、自分の名刺を取り出してから名刺入れを脇に抱える、この動きを何度か繰り返す。こうなると、わっせわっせと忙しい。この間に名刺入れが脇から滑り落ちそうになる。名刺入れの上に二種類の名刺を載せて同時に持つことが好都合になる。

テーブルがあれば、その上に名刺入れを置いて、畳んだ狭い面積の名刺入れの上に、受け取った相手側の一番偉い人の名刺を載せて、次の人の分はその右側に、左側にと、下段に並べるという決まりがあるらしい。地位について神経を使わなければならず、間違って失礼になる置き方をしてしまうかもしれない。

構造・使い方・メリット

自分の名刺の束が入るポケットと、いただく名刺を入れるポケットの2カ所が、一平面上に並べられ、出し入れ口が同じ方向なら使いやすくなるはず。名刺を差し込みやすくするには、挿入口が凹み状であることが好都合。また2カ所の挿入口を塞ぐ広さの蓋が必要で、蓋の形は凹みをカバーするのだから、開いた状態では自然にその形は半円を描くことになる。蓋の先端の中心位置と本体の中点位置を、磁石で留め合わせる。

名刺を左右に分けて入れるため、中央に折り目ができやすくなるが、後ろ側の本体同幅のポケットに、はがき大の招待状やパスポートなどを入れると、一体状に固定される。前側は仕切られているので、区別したい左、右の受け取った名刺群と自分の名刺の束が交じり合わない。

「うやうやしき名刺入れ」
特許第6516186号

名刺交換する相手に対して、うやうやしい態度がとれるカード入れ

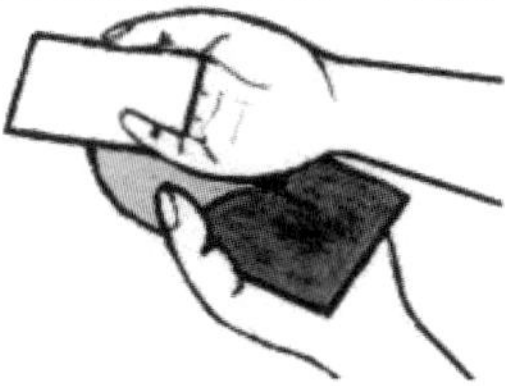

前側に自分の名刺の束と受け取る名刺を分類して挿入

使い方としては、まず、蓋を開き、蓋側を相手に向けた、「うやうやしき名刺入れ」を、掌に載せる。次に残りの手を「うやうやしき名刺入れ」の上に載せて相手からの名刺を受け取り、先に「うやうやしき名刺入れ」に載せていた自分の名刺と名刺入れ上で交換し、両手を重ねた形で相手に名刺を渡す。

片手使いなのに、両手で差し出した形がとれ、できるだけ相手の名刺を丁寧に受け取らなければならない名刺交換が、この作品によってその目的が達成できる。

この形態のままで、銀行カードと通帳、保険証とお薬手帳、母子手帳や、その他のカード類入れにも応用可能。底側に縫合跡がないため解けにくいメリットもあり、後ろ側は蓋部がなく、前、後ともに入れやすく出しやすいメリットもある。

主婦も名刺で自分を表明する時代。女性の個性を大切にする良い時代になってきている。

男性用としては、ズボンの後ろポケットに入る大きさの名刺入れでなければならないそうだが、交渉の場には大事な書類を入れるバッグを持って行くはずだから、そこにこの名刺入れを入れてほしい。

仲間に使ってもらったが、「機能良し、使用生地の手触り良し」と、好感度満点だった。弱点としては、蓋を留めるための磁石の磁気を気にして取り外した人がいたことだ。

製造元に尋ねると「そういうことを言われたのは初めて」という返事だった。磁石はカード類に直接触れてはいないので、この程度の大きさなら大丈夫ということだった。スナップなどに取り換えようと思ったが、やはり磁石が便利なので、今のところ変更しないつもり。私はすでに数年使っているが、磁気的には現在までとくに問題は起きていない。

●「うやうや式名刺入れ」の審査請求をすると、この型を表記した請求項1は登録査定、別型の表記分の請求項2は拒絶査定。合わせて拒絶査定の知らせが届いた。

●「うやうや式名刺入れ」の審判請求では、請求項1だけ蘇られるように補正し、登録査定となった。請求項2のほうの拒絶は納得いかないが、意匠のほうで合格している形態なので諦めた。一応、男性用として、挿入口が同方向で、折り畳んで名刺大にできる形の意匠申請もした。

即売会

再生の会の即売会を開くにあたり、新年度分のカタログを作るため、各自の商品の名称や価格等を記載した原稿を担当者に送った。

しばらくして、同期のC委員から電話がきた。

「あなたが提出した商品の名刺入れに付けた△△××の言葉は、いずれ私が作るつもりの商品の名称とリンクするので、違う名称にしてもらわなければ」と言う。

「ええっ？　私の作った△△××が、あなたがまだ作っていない商品の邪魔になるって、どういうこと?!」

△△××は慣用語句でもある。その△△××分のバーコードを渡さない彼女の抵抗に負けて、「意味がわからないけれど、今回は△△××をつけなくていいわ」と答えた。

今度は担当者から電話。

「あなたの商品の名称を変えるって連絡があったけど、本当？　よく意味がわからない。要するに、あなたのわがままで変えるってこと？　わがままはやめてよ。編集は大変なのだから」

「お疲れ。違うのよ、△△××を取り除くように強いられて、仕方なくだから。私のわがままじゃないからね」と伝えた。

備品の確認で集まった日、柔和な表情で同期のC委員が声をかけてきた。

「あなたの、『ONキャリー』の再審査をしましょうか」

へえー？　△△××を取り下げたら、再審査する？　あれだけ元気よく不合格にしておいて。まさか私の言うことを聞くならチャンスをあげよう、なの？

商品審査の合否は、特許庁のお墨付きを中心にして決めることにしていた。にもかかわらず、彼女は、点数が定まりにくい、あるいは手加減、匙加減の可能な〝納得感〟に当たる造語を持ち出し、それが「無い、無い」と繰り返した。

絶対、落とそうとしている気配に唖然とする。

再生の会側を代表してC委員と二人で、イベント会社との会議に参加した。イベントの問題点は解決し談笑に移ったので、私は、「うやうや式名刺入れ」の試作品をイベント会社の人とC委員に見せた。試作品では、硬さが丁度よくて選んだ皮の端切れを、普通の針で縫おうとして指を刺し血を滲ませ、針を折ったりした。コンパスの針先で穴を開けるやり方に変え、糸の並びがくねり、切り口が汚いままだが、一応形を成したものだ。

C委員は「ああ、皮で作れば解決したのだわ」と呟いた。そして「私もずっと温めてきた」と続けた。彼女が解決したかった目的は、私の示した形態で解決しているらしい。

「私の方は」と、硬質材の盤の名称を告げられたが、私の作品との繋がりがしばらくわからなかった。


イベント会社側が去り、二人になったとき、彼女が私を食事に誘った。

「今日は遅いので」と断ると、その場に立ったまま、私を説得し続けた。

「今日のあなたの作品だけど、私のアイデアのほうが、くくりが大きいのよ。優先権で私の考えた機能を取り入れたらいいわ。一緒に開発していこう」と、誘う。

しかし、私は彼女の興奮の有り様に不安を感じて、「特許申請は半年前だし、意匠もすでに用意できているし、立ち位置が違いすぎる」と、断った。

帰宅中の私にメールが追いかけてきた。

「それなら私が考えた硬質材の箇所をあげるわ。うまくいけばもちろんお金を支払ってね。シビアな言い方だけど、そういうものだから。それがダメならば、販売のパーセントを決めて一緒に事業をしよう。問屋との交渉を私が担当するわよ」

何らかの方法で繋がりを持ちたい様子。そんなに魅力的な作品か？　じゃ、売れるね？

私は翌日、用意していた意匠の申請をした。続けて、あと半年近い余裕があるが、優先権主張の申請に取り掛かった。優先権の目的は元の内容より幅広く深く発展させるためのチャンスにするのだから、息子にも名刺交換での不便さを尋ねて書き加えたりした。

彼女は硬質材の盤で特許を申請すると言っていたから、彼女のこだわり部分には食い込まないように、かかわらないように注意した。

委員会が開かれる日には、いつも私が一番に事務局に着く。今日は珍しく誰かが先に来ていた。彼女だった。顔を合わせたとたん、「盗っ人猛々しいとは、あなたのことよ！」と、椅子に座ったまま上半身を斜めにひねり、玄関側の私に向かって怒気を投げつけた。

「私の特許の請求項に、あなたのアイデアがあったの？」と、私は彼女の眼付きと声の迫力に負けないように気を張り、冷静を装って尋ねた。彼女は、「従来の不便を説明する項目の下から二番目よ！」と叫んだ。

誰にでもネット検索ができるのだから、盗んで書き込んで、それが彼女にばれないなんて私が思っているはずもない。彼女のアイデア部分を私は「要らない」と断ったのだし、友人でもある彼女の書きたい部分を残すように気を付けただろう。

彼女が言っている盗っ人分は、私の申請書の権利に直接かかわる請求項にはなかったようだ。当たり前だが。

「不便に思う項目が盗んだことになるなら、削除するわよ。補正はまだできるから。他にはないの？」と、私は尋ねた。

「補正しても、一度書けば、特許庁に残る。それがあるから私のほうは拒絶される」と怒り続ける。そうなのかな？

同じ△△××の改良を目的にした作品だから、彼女の脳内にあるものとかかわり合うのは仕方がない。しかし彼女がそれを書き留めない限り、アイデアは脳内でどんどん進化しているはずだから、今はもう別物になっているのではないか。別物になっていてこのトラブルも消えていって欲しい。


彼女が使うらしい、硬質材にかかわる作品名の意味を確かめていなかったことに気づいて、辞書で調べると、平たい台と書いてあった。私の使った、その作品名に類似する言葉は台座だが、台座はすなわち彼女が指摘するものではない。しかも、台座は、不便に思う項目に記載しているだけ。私は盗っ人ではない。

「私が盗んだことになるかどうか、文学部か工学部出身の人か、息子さんにでも読んでもらって確認して」と伝えると、「そうする」と彼女は答えた。

先輩委員が、「あの方は、友だち間でも裁判したことのある人だと聞くわよ。気をつけましょ」と話したのを思い出し、私は彼女に「2人だけで話してはらちが明かないわ。あなたは法的手段に慣れているようなので訴えてもらえる？　でも、私のほうはお金をかけないで済むようにしてね」と言った。

そして、「あなたの頭の中が見えず、巧く避けて書けなかったこともあるかも。あなたのアイデアがきちんと示されていれば、確実に避けられていたわよ」と付け加えた。これには返事がない。自分は明細を示さないで、相手が想像する範囲のすべてを、自分は考えていないかもしれない部分まで「盗むな」というふうにしていることになるが。それってずるくない？　書類がすべての世界でそれは無理。あなたの言い分は通らない。


「同じ作品がぶつかった、これは事故だ」とも、彼女は言ったが、ぶつかるも何も私の前には何もない。彼女はまだ、カーナビにインプットなんかしている段階で、出発さえしていない。事故の起こりようがない。私は半年前に出発したのよ。

彼女は誰かがアイデアを発表すると、「そのアイデアは、すでに私が考えた。証拠にメモがある」と、血相を変えて仲間に訴える癖があると聞いている。普通、そんな場合は、「あらら、やられたわ」と、そのアイデアをきっぱり諦めて、自分の考えていた部分をむしろ教えてあげるものなのだけど。メモなら皆それぞれ、いろいろと持っているからね。

腹立たしい気持ちが消えていかない。会社に向かう運転中もこの件が頭から離れない。やたらとアクセルを踏んでいる。気が重い。頭が痛い。私が盗っ人？　まだ書いてもいない、作ってもいない人から、どうやって盗むのか。委員だから、義務感を持ち使命を感じてせっせと事務局へ通っていたが、行きたくなくなった。

無実の罪なのに自白する人がいるそうだが、わかる気がする。攻撃されると一度は退くのが私の弱点。自分は間違っていないか、という心配がついて回るためだ。

以前、彼女は、「アイデアをやっている人は、知財の申請をしていない状態で、内容を相手に言ってはいけないのよ。それが常識」と話していた。そうしてもらえていたら、私はのびのびとアイデアを発展させて、私の名刺入れ機能は宇宙船の部品ぐらいになり、兎がついたお餅を載せて帰還するのよ。

一体、貴女はどうしたいの？

もし特許申請をしていなかったら、と思うと、脚を震えが走る。

申請をしていなかったら、彼女に決めつけられたとおりの盗っ人になるしかない。アイデアを盗むことは発明の道を歩もうとする人の一番汚くあり得ない愚劣な行為。盗めば人格を失ってしまう。私にとっては、表現したくなるものが絶え間なく自分の中から現われ出ることがたった一つの密かな誇り。

他人から盗まなくても、私にはアイデアはふんだんにある。売れないものだけど、と付け加えるが。盗っ人呼ばわり以前に、そういうことをする人間だと思われたことに腹が立つ。

この後も、彼女は私が商品審査で「意匠は合格した」と伝えても、「特許もクリアした」と説明しても、「納得感がないからダメ」と言っては、私の作品を落選させ続けている。

……あなたが合否の基準にするものは、思う、感じる、納得感の有無。これらは基本的には発明にはかかわらない分野でしょ。

あなたには特許庁より権力があるの？　作品の息の根を止める権力があるの？

私が担当しているはずの商品審査の分野まで彼女の思いどおりにする。表向きはフェアーに行なっているふうに装う。委員の皆は見抜いているはずだが。彼女はパソコンを譲らない。私が司会を務めると申し出ても、スルー。

こんな調子ならば、私だけではなく誰もがほかに販売場所を求めるしかなくなる。そうなれば再生の会にいる意味はなくなる。ここに温もりや希望の光が見えなくなれば人は去っていく。

弁理士に「好きだ、嫌いだで女性の会は続かない」と言われたことを思い出す。こんな動きを止められるルールを構築する、これを自分の最後の仕事と解釈しようか。

そう思い、全体メールでルール構築について何度か連絡したが、私が「狂ったとされている」と、私を擁護する人が知らせてくれた。他人の評価のほうが正しいこともあるだろう。だから退こう。こんなとき、建設的な意見を臆せずきちんと言える人はいたのだが、その人は再生の会を黙って去ったまま、戻っては来ない。

ついに私は全体メールからも弾かれてしまい、届くだけで返せなくなった。誰かの細工に違いない。別の仲間メールを作ることも考えたが、「もういいわ」と自分を諭した。くだらない。

彼女は私を斜めに見下ろし、「証拠固めをしているから」と言っていた。そろそろ、内容証明でも届くのだろうか。

私はここに辿り着いてここで真剣に生きようとしてきた。辞めた後に言い沙汰されるのも困りもの。この世から去った後も、盗っ人という汚名だけが遺るなんて。裁判をされたら、仕方なく一人で頑張る。「すくい具」では特許庁に負けたけれど、この場合は勝てるでしょ？

彼女が示した、不便に思っている箇所の2行は、盗んだ証拠とするには無理がある。不便に思っていることは皆に共通している。だから、この2行分の削除の必要はない。彼女が被害妄想にでも陥ったせいかとも思って、「私を悪者としないで。悪者側には私はいないのよ」と説明した。

特許庁で公開されるのは、申請後1年半と聞いた。優先権主張分はまだ1年半を経過していないはずだが。彼女に私の優先権分が見えている？　アテズッポウに疑いをかけたか。

「こういう人がいるのだよ、知らなかったあなたが阿呆なんだよ」と、面くらっている自分を教育する。彼女のことを「理路整然だ、良い人だ、と決めつけたのが間違いだったのよ」と。

彼女はいまだに特許申請をしていないようだ。

ある日、半日程度の記憶喪失になった。合鍵を持っている二男は、私が準備した「分スケ」を購入するためお金を置いて行ったりしているが、この息子に、「なぜ、君がこの家にいるの？」と聞いたそうだ。息子はおかしいと思い私を病院に連れて行った。脳のCT画像にはまったく問題がなかった。

委員仲間からの通話履歴はあるが会話をした覚えがない。内容を尋ねると、「珍しく、とても消極的な返事をした」そうだ。その後、発疹のため顔が腫れあがって、皮膚科を訪ねた。3度目の処方薬で治った。

再生の会主催の勉強会の帰り、会場から同じ道を歩き同じ電車に乗る傍聴参加者がいて、顔見知りになった。いつもなら、「入会しない？」とか、会員には「委員にならない？」とか、仲間に引き込もうと積極的だったが、今の再生の会に、発明に熱心で感じの良いその人を誘うことはできない。気力もなければ、責任も取れない。

宣伝を兼ねて、再生の会のイベント用エプロンを付けて電車に乗ることはもうない。

その傍聴参加者は先輩委員に誘われ、委員になった。帰りには一緒にとんかつ定食を食べたりするようになり、私と同じように、ＤＶ夫に苦しんだ人とわかった。「これからは幸せになるのよ」なんて、彼女の背中をポンポンと打った。

仕事を持っている私は勉強会にいつも出席できるとは限らず、「季刊誌用の写真を送って」と呼びかけると、この彼女だけがＬＩＮＥで送ってくれた。

「特許を手書きで提出したけれど受け付けられてね。それを企業に売り込んで断られたの。

だけどその後、その企業から同じ物が作られたのよ」と、彼女が話す。

「それでどうしたの？」

「そのままになっちゃっている」

「そういうトラブルも解決できるような強い会にしたかったけれど……」

「今今式埋蔵金」

開発経緯

女性には洋服にポケットが必ずあるとは限らず、バッグに入れたスマホが見つかりにくい場合もある。忙しく現場で働く人たちの、財布やスマホをどこに置くか。また登山、ピクニック、ジョギング時に使用する、貴重品用ポーチは揺れないでほしいが。

構造・使い方・メリット

2枚の生地を2つ折りにして「うやうや式名刺入れ」に類似する形にした。常に必要最小限の貴重品を邪魔にならずに、身に着けておけるから、何か起こったらそのまま逃げて大丈夫。「そのまま逃げて」がキャッチフレーズ。

豪華で大型へと発展してきた従来型財布を再考。このままの形で財布は残り続けるのだろうか。令和の今はカードマネーとの共存時代。街の工事現場では、今すぐ喉を潤すための硬貨はまだ必要。屋台で旨い物を食って支払うのは、まだまだ現金。

当然、母体特許の「うやうや式名刺入れ」と同じ使い方の部分があって、診察券も保険証も、お薬手帳も入れられ、パスポートも入る。定期券を「ちゃんと着けた？」のような定期入れに挿入した状態で、前面側のどちらか一方のポケットに。

新たに生じた中央箇所の本体と同幅のポケットに、紙幣と硬貨とレシート類をざっくり挿入。鍵類などは使用者の好みや都合でポケットを選択。

「今今式埋蔵金」

ところが、財布はお金に愛されるべき物だから、余計な物を入れては金運が下がるという話を聞いた。つまり、レシート類、免許証等のカード類、金運以外のお守り、怪しげな開運グッズなど、これらは挿入不可ということになるのだ。困ったな。

私にとってこの「今今式埋蔵金」は、使い慣れてとても助かっているから、今までどおりに使い続ける。気に入って買い取ってもらえているお店にはこの件を伝えておこう。

「今今式埋蔵金」は部分意匠で登録査定

この部分意匠でウエストポーチ型でも、ショルダー型でも作成可能になった。

「今今式埋蔵金」は、再生の会の商品審査で落選。この「今今式埋蔵金」は、特許を取得できている「うやうや式名刺入れ」の発展版だから、特許申請をしなくてよいと思ったが、落選なので、仕方なく別に特許申請をした。落選の理由を告げてもらえないから改良する方向がわからないのだが。

知財関係と商品関係の二分野で商品審査をするとしたら、知財では合格に違いないはず。商品としての失格については、危険とか公序良俗に反するとかの、何かを示すべきだ。

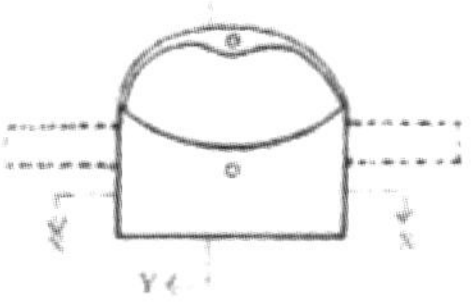
正面図

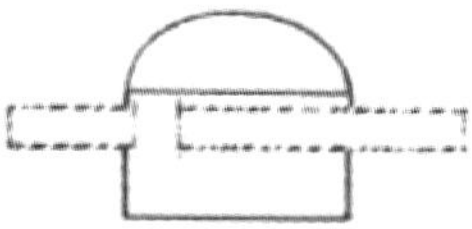
背面図

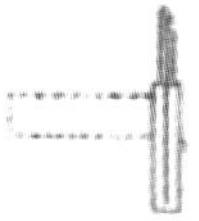
左側面図

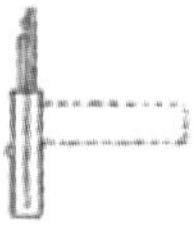
右側面図

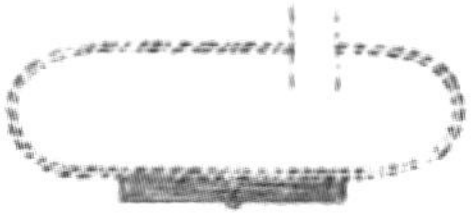
平面からの断面図

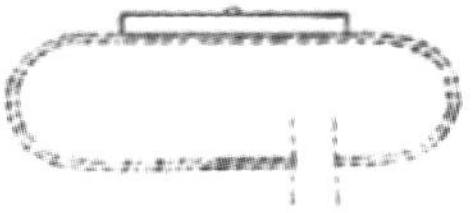
底面からの断面図

便利が一番評価されなければならないはずだけど、それでも綺麗なら可愛いなら、うっかり買いたくなるので、この路線でも合格であればかまわない。我ながら可愛くできたと思うけれど。

ああ、そうか。「あいつ、嫌い」というのも立派な切り捨てラインなのかな、とふと思った。

……嫌われているのだ、排除したいのだと、やっと、悟った。ひたすら再生の会が大きくなるように協力し、不足している新商品を増やそうと努力し、理想の会の運営を願っていただけだ。嫌われることがあるなんて思いつかなかった。

二つの商品が二つとも商品審査で落選。合格したら計画していたことがあったのだ。意匠が許可された作品を落とされて会を辞めた人がいる。その人の商品を合格にして、会に戻してあげたいと思っていた。しかし自分の作品が落ちることを阻止できないような私の力では話にならない。

商品審査って、何に重点を置くの？　即売会で同郷の先輩が言った「売れる商品が良い商品」ということが大切ではないの？　売れるか売れないか、誰が売り出す前から正解を出せるの？まずは手あたり次第にみんなの商品を売り出すチャンスを作ろうよ。

このころ、勤め先の社長は病院に行くのが増えた。社長の仕事のスケジュールに合わせて私が診察日を決めている。診察日前日は、社長の保険証などの忘れ物がないように手配する。帰り、後部座席で、社長が「アータは、会社が大変なときに来てくれて、頑張ってくれたよなあ」と、突然言った。それに対して、「今頃、分かったのですかあ？」と、生意気そうに私は運転席から応える。

それにしても毒気の強い社長からの珍しい言葉。最初の頃の布袋様に戻ったのかな。家に帰りつき、荷物も体も投げ出し、今日は泣いている。

終わりは始まり

東日本大震災10年目

２０２１年（令和３）、別荘感覚の住まいを探している不動産会社を長男が見つけて、前の家を10万円で売ることにした。触らないでいたほうが税金が安いので、火事を気にしながら今まで放ってきた。業者に依頼して庭木の伐採をし、震災で壊れた物を部屋の外に出し、タンスやテーブルを壊して片付けた。これらに70万円かかった。

車庫に出していた廃棄分からまだ着られる洋服と、アイデアのメモの紙切れと、アルバムを拾った。まだ十分使えるタンスは壊して捨てることができても、子どもたちの写真は棄てられなかった。

元夫の物に触れると、腕を振り上げた怖い顔が瞬時に見え、靴で踏んづけても足から恐怖が登ってくる。できるものなら触らずに蹴っ飛ばして廃棄したい。二週間も意識不明になるような交通事故に遇わなければ、夫は高次脳機能障害になることもなく、自社を潰すこともなく、狂暴化しなかったかもしれない。

離婚届を持って夫の住まいを訪ねたのは、50代の半ばころだったか。すぐに逃げ出せるように、ドアを少し開け、そのドアを足で止め、脂汗を垂らしながら傍の靴箱の上に離婚届を置いた。夫は、「お金が問題なら、もうすぐ入るようになる」とは言いながらも、それまで生活費を入れないでいた弱みがあるためなのか、走り書きで署名した。

「提出するときは連絡すること」と言われていたので提出したことを連絡すると、夫は電話の向こうで「撤回しろ」と怒鳴った。怯えてしまい、次の日の朝一番に撤回しに行くと、役場の担当者は、「昨晩遅く提出されたので、まだ処理が終わっていませんでした。そういう理由ですから」と説明して、離婚届けを戻してくれた。

「しっかりしてよ」と、娘に叱られた。

再びその離婚届けを持って家を出た日、当時は固定電話しかなかったので、夫から電話がかかってきても出なくて済むように、役場の駐車場で夜を明かした。側で鳴っている電話を無視することなど、その頃の私にはできないことだった。

離婚はできた。それなのに、元夫が帰ってきたら恐いので、利根川の河川敷で待機して、終電の光が川向うを右から左へ通り過ぎるのを見てから我が家へ向かった。灯りのないのを確かめたにもかかわらず、不安な思いで家に入った。玄関の鍵は取り替えていたのに。

民生委員から、「貴女は勇気があるから離婚できたのよ、苦しんでいる人はいっぱいいるの」と聞かされた。

そういえば、幼稚園の母親仲間で目立って美しかった人をスーパーで久しぶりに見かけたが、あまりの老け方をしていてしばらくその人とは気づかなかった。夫の言葉の暴力で体を壊したという噂だ。それでも離婚をしないでその生活を続けている。離婚する気力も失せた状態なのだろうか。

女性にとって結婚は恐ろしいシステムだ。男性側にも通じるのかな。

前の家の片づけをしているときに一枚の写真を見つけた。女性アイデア研究会の初代会長と次の会長と私の3人で撮った、あの写真だ。「百年もそれ以上も続いて欲しいのよ」と、初代会長に掛けられたこの言葉が私の原点だった。

……なんだか、私はもうこの会にいられないようです……。

委員の辞任と会からの脱退を連絡した。〝大学院〟からの卒業だ。

「象《かた》り《ど》ランチセット」

開発経緯

友だちにも私にも孫ができた。レストランで幼児用に用意されているのは、安全性を求めるために、突き刺しにくい形ばかりのフォークと小型のスプーンの2点だ。描かれた図柄もとくに興味を引かない。もっと遊び心が満載で、使い勝手がよく、可愛い食事具が欲しくなった。

フォークやスプーンのほかに、爪楊枝やバターナイフも欲しい。まず作ったのが爪楊枝。従来品の作用部分を短い太目の2本にし、本体を円形にした「まるまるエコ楊枝」の意匠は登録査定されたが、持ちにくかったので、胴体を小鳥型で長めに設けてみたら持ちやすくなった。作用部分を嘴《くちばし》に見立て、２本の長さを長短のある形状にした。この方向では完成したと思う。

← 「象りランチセット」

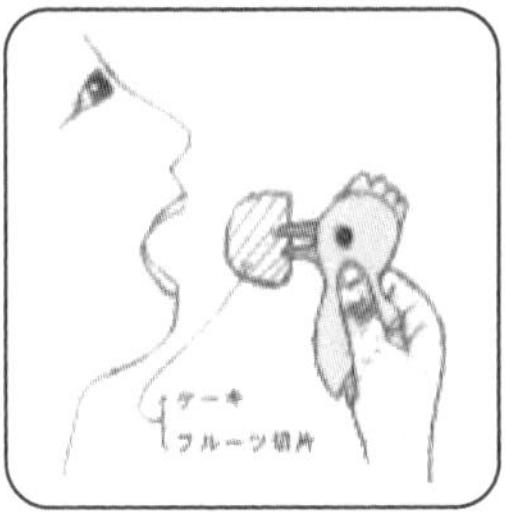

「まるまるエコ楊枝」（口絵２ページ参照）の胴体を小鳥型に。嘴部分でケーキやフルーツを突き刺し、お口へポイ！

構造・使い方・メリット

先端が平板状のすくい具型のパンダスプーンと、犬型のバタージャム塗り器と、イカ型のフォークと、小鳥型の爪楊枝と、象さんの鼻フォークのセットである。

完成したら、楽しいレストランタイムになると思う。誕生祝いの贈答品にピッタリではないかな。しかし、仮に金型代が1個分100万円と安く見積もっても、3種類なら300万円かかる。私個人での具現化は不可能だ。

コロナ禍

勤め先の会社では、新型コロナウイルスによる影響を受け、工事がなくなって暇なのだろう、工事部の女性トップは、事務室にたびたび現れるようになった。過去からの書類をごそごそ出して、管理者目線で私に指図してきた。

月々の資料の本物は税理士に渡し一応コピーを取っていたが、保存期間を越えたこのコピー分を棄てようとすれば、「証拠隠滅」と言い、「廃棄は許可が有ってから」と書かれたベルトでその廃棄すべき過去分は縛られた。マウンティング？　急に。

「あなたは、会社全体の将来を考えてないわねぇ」

「あなたは、立場をいいことに、自分の給料を勝手に上げている」

「あなたは、自分の車の車検分を会社から出している」

「あなたがいるから、新人２人の給料が出ない」

など、顔を合わせれば必ず私に刺激的な言葉を告げてくる。

私より後から入社した、私の娘ぐらいの、この工事部の女性トップが、「もう、へらへら笑って。ちゃんと聞きなさい！」と机を叩いたのだ。笑っているのではない。怯えているのだけど。

出社するたびに、机上に、不正、虚偽、悪事、違反等の、強いワードのついた指令書らしい手製の文書なり、私が作成した書面に赤文字が添えられて置かれている。それは客人から見える場所に掲示されるようにもなった。

突然の、自分の悪者化についていけない。本当にそうなの？　錯覚してしまいそうだ。

彼女の姿を見るとぞっとするようになり、じんましんが出て体中がデコボコになった。かゆくて発狂しそうだ。メールが届いただけで、脳がさざ波のように振動し続け、目の焦点が定めにくく集中できず、計算を何度かやり直す。

誤記を見つけてもらえたので、「ありがとう」と言うと、「ありがとうでなくて、謝罪です！」と言った。「どういう謝り言葉がいいの？」と質問したが、返事はなかった。「私は会社を潰すように今まで頑張ってきたのね」と聞くと、これにも返事はなかった。

工事部の女性トップはこのところ病気がちになった社長を指して、「よれよれになったお爺ちゃん」と評した。そして「あの人（社長）はもう駄目だから、あの人の言うことは聞かないこと」とも告げた。この会社の土台を必死に作り上げた人なのに。

「あなたは社長と2人して、ひどい経営をしてきたわね」とも言う。

入院した社長に書類を届けたとき、社長に電話がかかってきた。迫力ある彼女の美声。偶然にも外に聞こえる設定になっていた。

「事務は、いろいろと問題が多くなって、私が面倒を見なければならなくなったのです。事務の雇用を続けるのはマイナスです」

皮膚科で処方された薬で一度はじんましんが消えたが、再発した。じんましんに加え、工事部の女性トップの気配を感じると、息がしにくいくらい心拍が速くなった。腸は機能を失った。

彼女の姿を見ないでいたら鼓動は正常。息ができなくなるので、現われたら去ると決めた。車に逃げ込むと追いかけてきて、ドアを強く叩き、「なぜ逃げる」と質問。「息が苦しい」と応えると、「そう、もうお勤めできないってことね」と言った。嬉しそうな声に聞こえた。「仮病ね」と笑ってもいた。

コロナ禍も落ち着き、工事部の女性は工事に呼ばれることが多くなり、会う機会が少なくなった。現れたとしても自分が逃げ出すことにしたたし、それ以来、暗算を間違わないようになった。

社長は、書類を渡しながらブックサ告げる私に対して「アータは弱い」と言ったが、社長はどうなの？

以前、社長が、「彫刻の仲間に、『作品が創れなくなってしまったのかぁ』と笑われた。忙しくて作品を創るまでの気力が出ない、悔しさもある」と、ひどく落ち込んだことがあった。毎朝一番めの仕事になかなか手が出せなくなった。

「その人は誰かを救っている？　社長さんは何人救ってる？　私も救われたし、従業員はみんな救われて、感謝している。こんな人のほうが人間として優秀じゃないの？」という言葉で、上向きになってもらえた気がするが。

やっぱり人間は、精神が活きなければ肉体は滅びるだけだ。

某テーマパークに美術的な能力を買われ、応援されて会社を作ったけれど、経営のほうを知らない社長と、それ以上に知らない私との二人三脚で、税理士の助けを借りて、家内工業的に経営してきた。それでも社長も従業員も互いに支え合っていて良い会社にしていけていると思っていた。

その風向きがおかしくなったのは、社長のエネルギーが弱くなってきたからだ。私が入社したときよりも、会社は遥かに大きくなっている。だからここでの私の仕事は終わっていたのだ。

「老兵は去れ」ということかな。

定年を伝えられた他のシニアたちは、こんな嫌ァな気持ちで去っているのか。違う。さらに自分を活かせる場所へ飛び立てると思ったはずだ。

「こんな所にいなくていいよ」と言う声が聞こえた気がした。力いっぱい頑張ってきたのだ、もう辞めていいのだという清々しい気持ちと、とても嫌な気持ちが混じる。

これからは、自分で自分を使う。

「マリリンなお尻」、係争中

勉強会の終了時、「これ、なかなか便利だから、講演の終わりに話すつもりだったが、時間切れになってね」と、講師の森野進先生が話しかけてくださった。先生が手に持っていたのは、2000年（平成12）ころに私が発明した卵スタンドで、二個型の「殻割りたまち」だった。

森野先生は、日本起業家新聞社社長で、『女性発明家の着想に学ぶ』（発明協会）という本を出版されるなど、女性の発明家たちを応援してくださっている方だ。

嬉しかった。「よっしゃ、これを蘇らせよう」と思った。

「殻割りたまち」／「マリリンなお尻」

開発経緯

女性アイデア研究会の見学会での出来事。由緒ある旅館の由緒ある部屋で、この旅館の歴史などのお話を聞いた。黒光りする卓上には、説明書以外の私物等を置いてはならず、お茶を絶対にこぼしてはならず、厳しい雰囲気に手が震えた。

その後、わが家で、気軽に卵を割ったときに思った。わが家の卓上ならば卵をぶつけて卓上のほうが凹んでも一向にかまわないが、今までこの格好をどこかで「はしたない」と、咎められたことがあったかな、と。

構造・使い方・メリット

一部に高壁部を有し、高壁部の上端はなだらかな頂上線を有する。この高壁部は底面側に対して垂直方向に立つので、自然に取っ手部の使い方になる。一個型と複数型がある。個室の尾

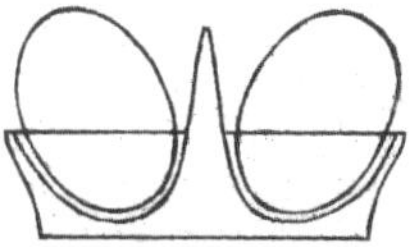

写真上は使い方。左上は透明正面図。
左は木製４個型

部に凹み箇所をそれぞれ有する。上側が広く開口して卵を取り出しやすい形。卵はごろごろしない。

卵かけご飯はとても簡単で誰でも美味しく仕上がる。一人のときは気にならなかったが、客人分の用意をするとき、面倒さに気づいた。

まず、楕円形の卵をどこに置こう。自分一人なら卵をどこかにぶつけて割ればよいとしても、手から客人の手へと直接、渡さない限り、安全に固定できる容器が必要だ。割る箇所はどこ？　殻を入れる場所も必要。

こんなわずかな面倒が集まっているから、卓上に並べる前に中身を出してから用意するほうが好都合になる。これも数人分なら数人回の手数が必要だ。それに食べる側本人が割るほうが、新鮮な感じに受け取られるのではないか。

ひびを入れる場所が決まれば、割るという小さな暴力は許され、それが快感になっても許される。

通常のご飯茶碗に卵を入れるとゴロゴロして不安定。ゴロゴロした茶碗内に、口にする中身を入れていいはずもない。割った後の殻をどうしていたか。家族があった頃は、残りの卵が入っているボールの中に、戻していた気がする。

容器のどこかで卵にひびを入れて、殻を容器内に戻して処理したい。紙粘土で試作。願いどおりに機能するのは確かめられた。

陶器製造会社に、1個型と2個型の2種類を、黄色、ピンク、ブルーの3色で依頼し、50万円支払った。「殻割りたまち」という商標を取り、女性アイデア研究会の商品審査に提出すると、「値段が高すぎる」という理由で落選した。「値段を下げたらいいですか？」と質問したが、無回答のままになっている。

この「殻割りたまち」から「マリリンなお尻」に変わるまでには長い時間の経過があった。最初に特許申請したのは２００２年（平成14）6月11日。このときは、「特許取得に自信がない場合、六面図を

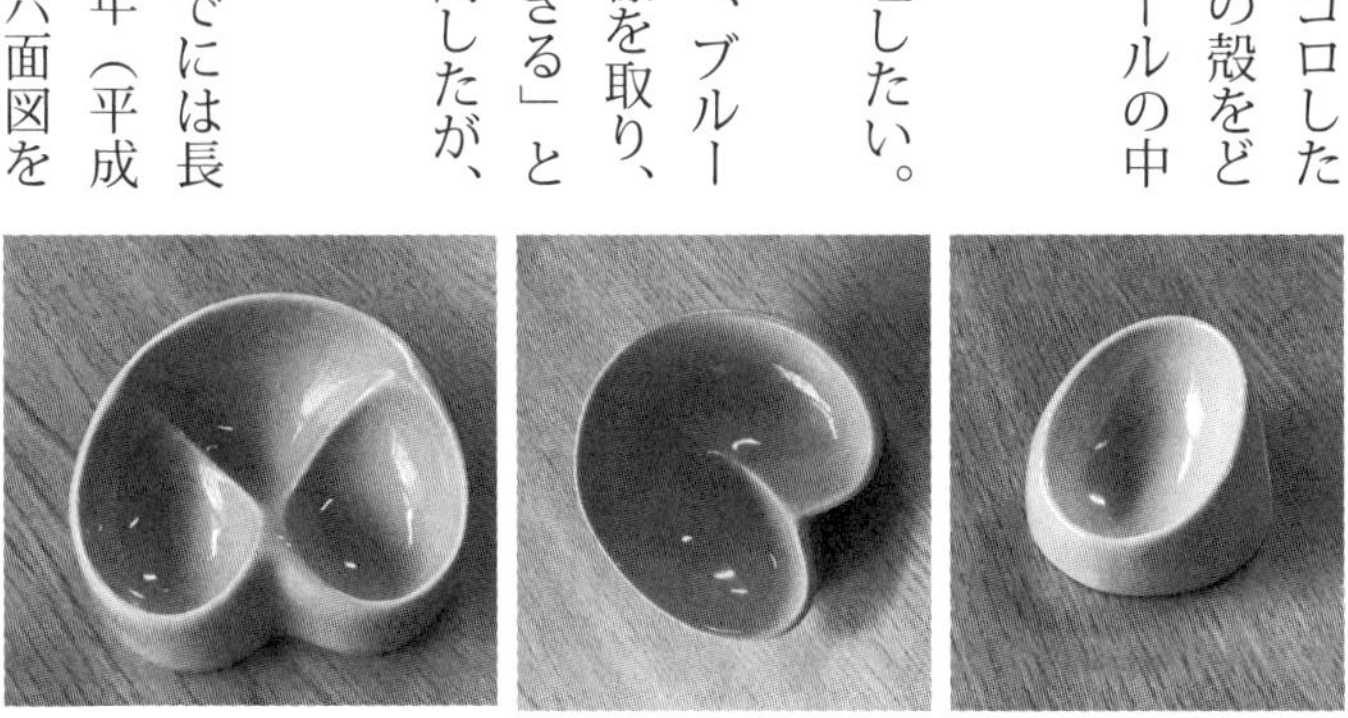

写真右から１個型、２個型、塩入れ付き２個型

描いておけば、意匠にスライドできる」そうなので、図面部分に各型の六面図を描いた。

今回、森野先生に「便利」と褒めてもらえたので造りたいと思うが、まずはどうやれば今になって権利が取れるのか。過去に提出した自分の特許に拒絶されるはずである。いざというときは、意匠登録をしているから……。あ、支払うのを忘れていた。失効しているけれども作れなくはないだろう。

お尻形をした名称「マリリンなお尻」のみが間に合ったので、2倍支払って権利を復活させた。

製造会社から、「今現在の型は型崩れするから、近いうちに本物の型作りをしなければならない」という連絡があった。

「えぇーっ、あれだけのお金を支払った後にまだ必要なの？」

「これでは私が作るのは無理だわ」とあきらめて、試作分を知り合いに渡してきた。残りは少し。対称型の「殻割りたまち」はすでにない。

特許申請はしていたが、審査請求をしなかった。意匠では3種の型が登録査定となった。

卵を二つ並べて置くと右側の卵が浮くので、製造会社に浮かないように直しを依頼したが、それには対応してもらえずに、型作成の方の連絡だけ。請求金額はデザイン料だと答えるし、デザインなら、意匠登録のままではないのか。不信感を抱いた。

卵が浮くという不備で、卵の固定が以前の型では十分ではないことにも気づいた。きちんと固定させるには、ストッパー的な機能を有するように個室の壁面を変形することが必要。この解決を新たな特許に書き込めば何とかなる！

特許は取得可能であると掲げ、体中で特許エンジンをふかしモチベーションを上げた。新たな固定箇所を念頭に置いて申請書を書いた。審査請求をすると、案の定、自作が先願として示された。目的も同じ、形態もあまり変わらないので、苦心して書いたが拒絶査定だった。

今も係争中だ。

出社前のテレビの占いでは、今日は努力が報われる日なのだそう。ラッキーカラーは赤。ベレー帽を赤にした。帰宅して開けた郵便受けには、「マリリンなお尻」で応募したミニコンクールの企業から、いつものハガキとは違う封書が届いていた。とても期待して開いた。が、結果はNG。ポストの前でしばらく私は止まっていた。気を取り直してコメントを読むと、「動機の説明には皆感心していました。採用には至りませんでしたが、企業によっては少し変更を加えての、積極的な検討をする可能性もありそうに思いました」と書かれていた。

確か、「おもてなしの国をアピールするなら、ぶつけて良しとする文化を再考すべきではないか」なんて書いた気がする。

審査した人の気持ちが心に入った。動機が大切らしい。「権利固めをしっかりしておきます。

またよろしくお願いします」という気持ちになった。

最近、流れ始めた鍋関係のコマーシャルで、卓上に鍋と卵を置いたものがある。可愛いタレントさんが卵を割るとき、何にぶつけるのかなと、大変興味深く流れを追ったが、割る状態は放送されない。勝手な憶測だが、ぶつけて割るという行為は、彼女に似つかわしくないと判断されたのでは。

◎精神的な変化のほうを誘導できれば、生活の仕組みを変えるアイデアが必然的に必要になる。
◎閃き浮かぶアイデアを現実の物にしたいなら、のたうち回ろうとも、自力で這い進むことを勧める。

誰かに特許申請を書いてもらったとしても、書き手にアイデアの変形や発展を求め強いることはできない。自分こそが発想の原人。成長したアイデアを受け止め、噛みしめ弱点を調べ、咀嚼のできる原人。自由に変形発展できる原人なのだ。

私の場合、費用がないから特許を一人で書くしかなかったのだが、お金があって誰かに書いてもらえたら、上手く表現できて、疲れなしで効果的に権利がゲットできたに違いない。しかし、自分の体を通過していない分、次の作品への実力は付いていないと断言できる。もちろん、凄い物一点で会社経営に移れる人ならば、すでに経営者。別コースだ。

こんな書類が届いた

納付補充指令書

複数の書類を針で止めるホッチキスか留め具に変わるものとして、「角パックン」を考えた。審査請求をしてから、試作に使った金属の強度が足りず、自ら価値を見放した作品。せっかく、特許査定なのだから、1年だけでも記念にと思って、特許印紙を貼付して郵送していたが、「納付補充指令書」（※）が届いた。

「第1年分から第3年分の特許料は一時に納付しなければなりません」という指摘だった。書面発送の日から10日以内に提出しなければならないそうだ。記念にすらならないから、「特

※納付補充指令書：特許（登録）料納付書に不備があったときに特許庁から届く書類。指摘された事項に従い、「特許（登録）料納付書（補充）」を提出しなくてはならない。

許料納付書（設定補充）」を作り、不足している特許印紙を貼付して投函。

これまで特許の法令なんか、見たことがなかった。相手を研究しないで、がむしゃらな体当たりだ。手元にあったとしても、見慣れない法律文には拒否反応を起こすので、切羽詰まることがない限りスルーしてしまうに違いないが。

特許法とか知的財産法とか特許法入門とか、ネットで調べると本がいろいろとあった。

これを読むべきとは思うが、うーん、苦痛。

「角パックン」

開発経緯

書類の角を留めたかった。丸い箇所にはキャラクターが描かれると楽しい気がする。どなたか発展させてもらえる奇特な方はいませんか。自分はお手上げです。

２０２１年（令和３）10月15日、特許証が届いた。

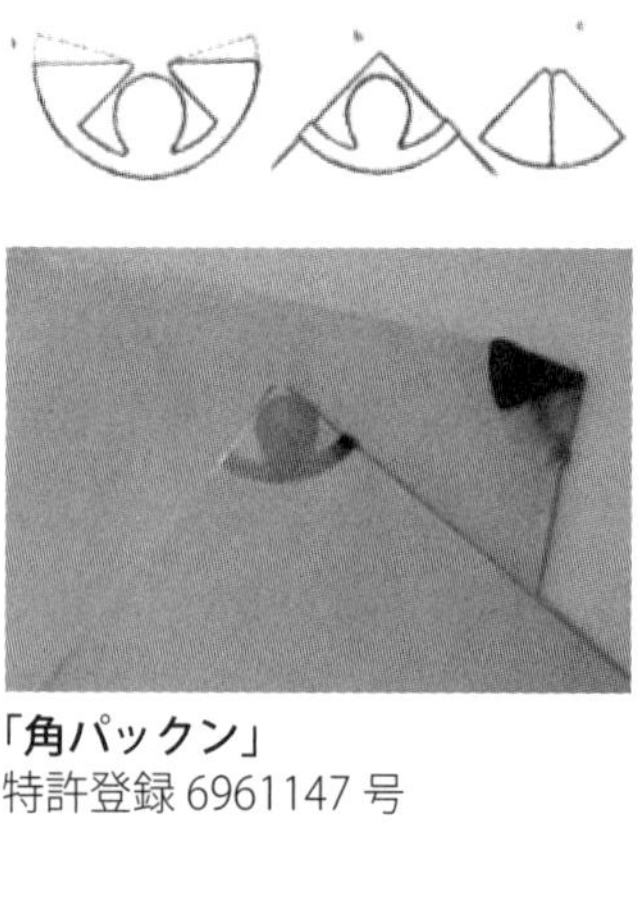

「角パックン」
特許登録 6961147 号

審理終結通知書

「マリリンなお尻」に関する審判請求書以降の流れ

２０２１年１月13日　審査前置移管通知
２０２１年３月12日　審査前置解除通知
２０２１年11月30日　審理終結通知……これは何だろう？

「この審判事件の審理は終結しましたのでお知らせします」という文面が特許庁から届いた。どう終わったのかが分からない。「特許情報プラットフォームでも参照可能です。これまで行なった手続きと相違がないかを、必要に応じてご確認ください」とも書いてある。

調べても同じことしか書かれていない。だんだん怖くなり、電話をサッとすればいいのに。襲い掛かるだろうショックには耐えられないに違いないから、しない。

勤務先の仕事の山時期で、落ち着いて電話をかけられる状態でもなかったけれど。もちろん、よい返事であることが明白ならば電話を入れたはず。

2022年（令和4）1月16日、特別送達（※）の文字と審決書と審判課第7担当の押印のある茶封筒を受け取った。今日は受けるショックの恐怖を押しのけて開封する。

1ページ目には不服2020−17625審の記載。……いいのかどうかがわからない。

2ページ目に審決　結論　現査定を取り消す。……特許庁側の決定が間違いなのね？

本願の発明は、特許すべきものとする……やっと見つけた。


先願として挙げられた自分の特許。この自作特許と闘って権利部分が狭くなったが登録査定になった。これで堂々と容器製造会社に商品化の依頼ができる。さあ、頑張るぞ。

宣伝文句を考えてみた。

——卵革命の時代が到来しました。おもてなしの国の日本です。もうこれ以上、テーブルをぶたないで。ぶつける姿は、恥ずかしくないですか？　優しいデザイン、華やかなデザインの器を使用すれば、卵かけご飯は、優雅な食べ物にグレードアップします。

日本が存続する限り、卵かけご飯も存続します。日本の卵の表面は衛生的である程度は安心だけれど、卵が転がった器の中に中身を入れてかき混ぜるやり方は問題。そういう旅館、料理店がいまだに。普通の茶碗内に穴のある茶碗形容器を沈めてその穴に卵を差し込んで、卵と茶碗が直接触れない工夫をした器もありました。

ゆで卵と塩、温泉卵、ウズラの卵、あるいはおつまみ入れに。水平方向に対して直角方向に立つ殻割部を取っ手部として活用。穴をあければより持ちやすくなります。

既存のワインカップ形の卵容器では、片手で支えて卵をスプーンで叩いて割るのでしたっけ。それはそれで美しい作法。でも、安定感のある、「マリリンなお尻」もよくないですか？

さまざまな高価な卵もできるようになり、特別な醤油も出現しました。どうぞこれらに見合う高級な卵容器を作ってください。


私なりの、知財取得方法の例をまとめる。

●効果的な知財申請順の例（私個人の場合）

特許申請 ⬇ 意匠申請 ⬇ 意匠合格ならばこれで一安心。
←
意匠が拒絶査定でも、拒絶理由を考慮して、申請後1年以内に特許優先権申請。

※特別送達：裁判所から訴訟上の書類を当事者または訴訟関係者に送り届けること。送達の事実を証明する郵便物の特殊取扱。

←　審査請求

←　拒絶査定の内容によって、不服の申し立てか意匠を活かすか、取捨選択。

←　特許が失効する直前に実用新案を提出。

（企業による商品化の場合は、対処の仕方は開発会社との相談になる）

私には夢がある。夢、これは若者にしか与えられないワード、とすでに思っている情けない自分もいる。残り何年あるからこれができる、できない、を考えなければならない。そういう意味でモチベーションに拍車がかかるか。ちょうどいいじゃないか。

明日の一日あれば夢の実現に近づく。

次の高級人参は起業予定の「★アイデア星」。商標は登録査定。

数年前に購入した中古のマンションは、今、外壁工事中だ。足場に包まれ心持ち暗くなった中空の一室に、以前所属していた再生の会の即売会の売り場程度の小さな机があり、パソコンがのっかっている。この面積がこれから始まる私の会社だ。

アファメーションという言葉を最近知った。ポジティブな言葉で理想の自分を宣言するという意味だが、意味を知らないままに私は実行していたようだ。必ず掲げた人参に噛り付くことができる私なのだと。

「マリリンなお尻」の請求項数は3から1に減り、
2022年（令和4）2月18日に、特許証が我が家に届いた。
特許第7019130号

「マリリンなお尻」に関する審判請求書等

審判請求書

（60500円）

【書類名】　審判請求書

【提出日】　令和　2年　11月　27日

【あて先】　特許庁長官　殿

【審判事件の表示】

【出願番号】　特願2017−022596

【審判の種別】　拒絶査定不服審判事件

【請求項の数】　2

【請求の趣旨】　原査定を取り消す。本願の発明は特許すべきものとする、との審決を求める。

【請求の理由】

1．手続きの経緯

手続補正書提出　平成　30年　1月23日

審査請求書提出　令和　2年　1月16日

手続補正書提出　令和　2年　1月16日

拒絶理由　令和　2年　5月19日

手続補正書提出　　令和　2年　6月18日
意見書提出　　　　令和　2年　6月18日
拒絶査定　　　　　令和　2年　9月1日

2．拒絶査定の要点

理由1　請求項1—3については令和2年5月11日付け拒絶理由通知書の通知以降に補正がなされておらず、5月11日の時点の通知書で通知した、新規事項の拒絶理由を解消していない。よって範囲内ではない。

理由2　請求項2—3については令和2年5月11日付け拒絶理由通知書の通知以降に補正がなされておらず、5月11日の時点の通知書で通知した、明確性の拒絶理由を解消していない。よって明確ではない。

理由3　元請求1—3については令和2年5月11日付け拒絶理由通知書の通知以降に補正がなされておらず、5月11日の時点の通知書で通知した、進歩性の拒絶理由を解消していない。よって当業者が容易に想到することが出来たものである。

3．本願発明が特許されるべき理由

A・審査官の認定

前記拒絶査定の要点と重複内容

B・出願人の対応

1　補正の内容

・提示された文を参考にし、明細書より引用し挿入して、請求項の全文補正をします。

・平成29年1月24日提出の明細書の【0007】の一個用、五個用の単語を【0009】と【0010】に挿入し、【0009】のもたれかけさせる、【0010】の預けて載せる、の言葉から、物理的な筋道を辿りうる説明の言葉を【0009】と【0010】に追加し波線のアンダーラインを付けます。【0012】では、根拠となる言葉に、また【0009】での曲面体は球体と楕円球体を含めていることを示した箇所に、また本願に楕円球体である鶏卵を挿入することが明らかとなる鶏卵の場合を説明している箇所に、直線のアンダーラインを付けます。

2　補正の根拠

主に令和2年1月16日提出の手続補正書を元にします。請求項1の仕切りについては【0010】に根拠が有り、請求項2の欠け所については、【0010】に根拠が有り、当二点を直線のアンダーラインで示します。両方を図示している図面にも根拠があります。

【0010】

図2については、放射状に設けた仕切り(9)によって、土台(5)の上面が五箇所に仕切られた場合で、中心に設けた高壁面部(1)を兼用して、周囲に低壁面部(6)を設けた。aは平面図で高、低壁面部と頂点(2)と土台と仕切りを有する。bは略式なaの左右中央断面での使用図で、高、低壁面部と土台底面(7)と収納した曲面体(8)の状態を示す。低壁面部の上部に欠け所(10)を設けている。欠け所の欠け具合は収納する曲面体の表面に添う形状が望ましい。cはaの平面図での使用図で、二種類の曲面体の挿入状態を示すが、楕円球体の場合、低壁面部に欠け所を設ける方が固定し易い。その他、肉付け選択箇所(11)に肉付けをし土台の上面を凹み状にする等で、より固定を安全に完全にできるようにしていく。

b、cで使い方を説明すると、前記と同様であるが、楕円球体を欠け所に預けて載せると、完全に横たえて固定することが出来る点が異なってくる。

次に欠け所を表現した図面を根拠として掲載します。

【図2】b、cの符号10
【図3】a、bの符号10
【図6】a、b、cの符号10

【図2】

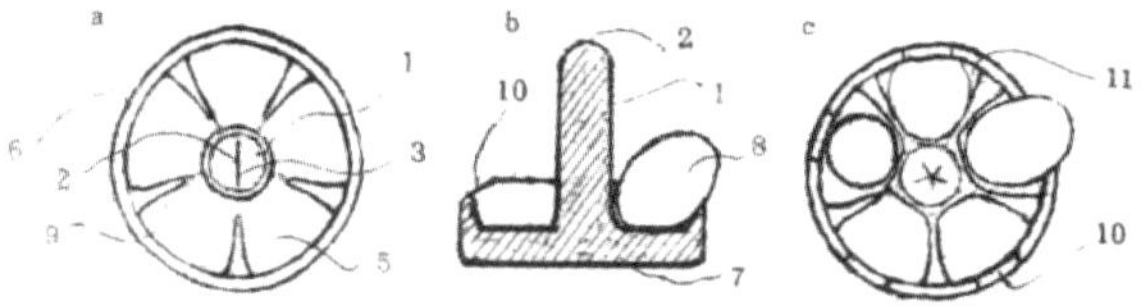

【図3】

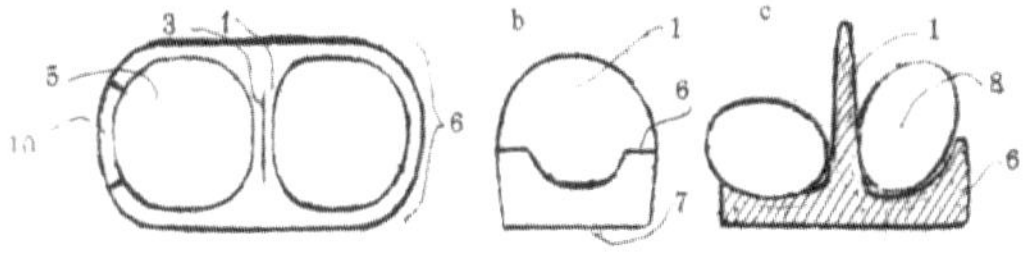

【図6】

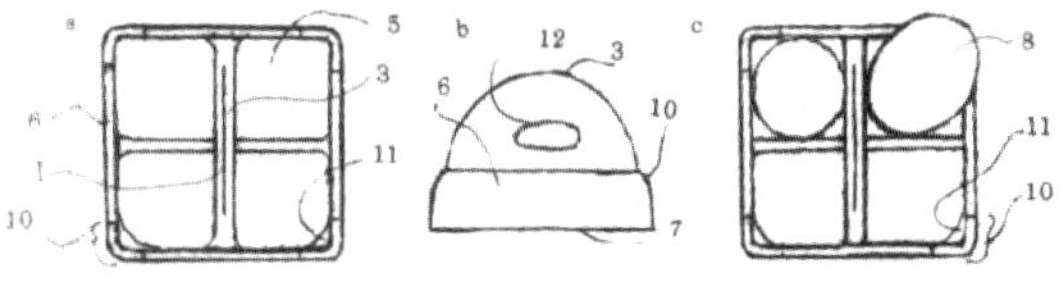

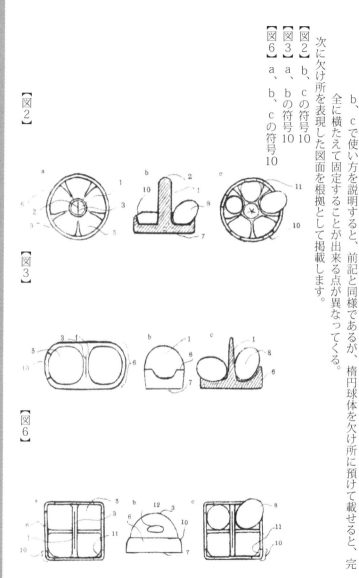

・その他の根拠の追加

【0007】

【図1】壁面部の一部が欠けている一個用の第一形態である。

【図2】壁面部の一部が欠けている五個用の第一形態である。

【図3】高壁面部を兼用し土台の上面を肉付けした第二形態である。

【図4】高壁面部を兼用し土台の上面を肉付けした第三形態である。

【図5】高壁面部を兼用し土台の上面を肉付けした第三形態である。

【図6】高壁面部を兼用した四個用の第四形態である。

【0009】

図1、図2を用いて、高、低壁面部（1、6）が離れている第一形態の説明をする。

図1aは高壁面部を左側に置いた平面図で、高壁面部と頂上線（3）と頂点（2）と低壁面部と土台（5）の上面を示す。高壁面部を土台周囲の一面部程度に有する。その近くの升目位置に重心（4）がある。bはaの状態の立体図で高、低壁面部と土台底面（7）を示す。破線は挿入した曲面体（8）を示し、実線は高壁面部の頂点からの芯方向と土台底面方向との直交関係を示す。芯方向は形状によっては高壁面部の内部を通過するとは限らない。cは低壁面部側からの立体図である。

使い方を説明する。b、cで挿入した曲面体の球体はそのまま載せ、楕円球体の場合は、低壁面部の付け根をストッパーにして高壁面部側にもたれかけさせる。そのため高壁面部の内側面は下側の土台の上面から楕円球体の曲面に添う形状で繋がるように肉付けする方がより良い。取り出す時は土台上の壁面部が欠けている箇所に指先を入れて取り出す。鶏卵ならば高壁面部頂点位置に真上からぶつけて皹（ひび）を入れ、中味を別器具に入れた後、殻の方を土台上に戻す。使い方の大半については以下に準ずる。

【0012】
図4、図5を用いて高壁面部（1）を延長し、仕切りを設け、土台（5）の上面を斜めに肉付けした第三形態を説明する。
図4aは平面図で高壁面部と頂上線（3）と低壁面部（6）と土台と仕切り（9）を有する。仕切りは他に高、低壁面部の両方に繋る場合と低壁面部の場合がある。仕切りによって土台の上面は実際に又は疑似的に二箇所に分かれる。図4aは平面図で升目は重心（4）の目安位置を示す。bはaの場合の立体図で高、低壁面部と頂点（2）と土台底面（7）とを示す。cはaの左右中央の断面図であり使用図である。図5は低壁面部の一部を引き込んで仕切りにした場合である。aは平面図で升目は重心（4）の目安位置を示す。bはaの状態の立体図、cはaの左右中央の断面図である。使い方は前記同様である。

C・拒絶の理由について
新規事項
補正の示唆に従います。書き加えた欠け所に関しては、元の平成29年1月24日申請の明細書並びに図面に掲載しています。
明確性補正の示唆に従います。波状のアンダーライン部分を追加します。
進歩性補正の示唆に従います。申請済みの明細書と図面を根拠とします。
付）当審判請求書内の元の平成29年1月24日申請の明細書の根拠となる掲載分に線状のアンダーラインを付けます。別書類の手続補正書では、言葉を補充する場合に波状のアンダーラインを付けます。

D・引用文献との相違について
先に本願の特徴として、元請求項1～請求項3までの全てにおいて、当業者が容易に想到することが出

＊文中の傍線は、前回提出した請求項に変更や加筆があった場合、その箇所を明確にするために付したもの（以下同）

来たものであるとの指摘でした。

◆引用文献１（特開２００２―１６５７１２号公報）より
引用文献の請求項では欠け所については全く触れられてはいず、ぐらつくに違いない鶏卵を固定する箇所が特にないため、ぐらつきの不安が残ります。

本願で表現した欠け所は、欠け所と高壁面部とによってぐらつきが止まる、大変重要な機能を持つ存在です。引用文献は申請者同人の作品で、この提出時、欠け所に関しては一切考えになく殻割り部の改良にのみ意識が行ったことを付け加えます。

また、仕切りについては、当引用文献には言葉さえ記載されていません。

以上、引用文献1を抹消しました。


本願は以上のことから、上記A、B、C、Dに対処し、補正書を追加し拒絶査定を抹消できたと存じます。よって、本願は拒絶査定を有するものではなく、本願に対して、登録査定の判断を頂きたいと存じます。

4．むすび
拒絶査定の要点を解消すべく補正書を提出したので、本願は特許されるべきである。

手続補正書
【手続補正1】
【補正対象書類名】　特許請求の範囲
【補正対象項目名】　全文

【補正方法】　変更
【書類名】　特許請求の範囲
【請求項1】
多角形の土台上に、頂上線を緩やかに有した一箇所の高壁面部と、一箇所以上の前記高壁面部より頂上位置が低い低壁面部を有し、土台底面の水平方向に対して、前記高壁面部の芯方向は垂直に近い方向で立ち、前記低壁面部側は上方外側に向け垂直以上で立ち、前記高壁面部を端部か中心に置いて、前記高壁面部の面の方向に対して並列、縦列して、対称に、それらのミックス形状や放射状に設けた一枚以上の仕切りと前記高壁面部とを兼用し合って、四面部を有する個室が二箇所以上配列することを特徴とする、曲面体固定容器。
【請求項2】
収納する楕円球体の長径半分以下での任意の位置の、前記楕円球体の底側表面を預けて載せられる形状と大きさの欠け所を、個室のそれぞれの低壁面部の一箇所に、前記低壁面部の上部から下部に向けて設けたことを特徴とする、請求項1記載の曲面体固定容器。
【手続補正2】
【補正対象書類名】　明細書
【補正対象項目名】　0009
【補正方法】　変更
【補正の内容】
【0009】
図1、図2を用いて、低壁面部が欠けている、又は高、低壁面部（1、6）が離れている第一形態の説明をする。低壁面部の欠け方、離れ方は、土台の上面位置から低壁面部を有さない状態で、図のように二箇所に有する。図1は一個用で、aは高壁面部を左側に置いた平面図で、高壁面部と頂上線（3）と頂点（2）と低壁面部

と土台（5）の上面を示す。本体を正方形とした場合、高壁面部を土台周囲の一面部程度に有する。その近くの升目位置に重心（4）がある。bはaの状態の立体図で高、低壁面部と土台底面（7）を示す。破線は挿入した曲面体（8）を示し、実線は高壁面部の頂点からの芯方向と土台底面方向との直交関係を示す。芯方向は形状によっては高壁面部の内部を通過するとは限らない。cは低壁面部側からの立体図である。使い方を説明する。b、cで、挿入した曲面体の球体はそのまま載せ、楕円球体の場合は、低壁面部の付け根をストッパーにして高壁面部側にもたれかけさせる。そのため高壁面部の内側面は下側の土台の上面から楕円球体の曲面に添う形状で繋がるように肉付けする方がより良い。取り出す時は土台上の壁面部が離れている箇所に指先を入れて取り出す。鶏卵ならば高壁面部頂点位置に真上からぶつけて罅を入れ、中味を別器具に入れた後、殻の方を土台の上に戻す。使い方の大半については以下に準ずる。

【手続補正3】

【補正対象書類名】　明細書

【補正対象項目名】　0010

【補正方法】　変更

【補正の内容】

【0010】

図2については、高壁面部の面に向けて放射状に設けた一枚以上の仕切り（9）によって、土台（5）の上面が五個用として五箇所に仕切られた場合で、中心に設けた高壁面部（1）を兼用して、周囲に低壁面部（6）を設けた。

aは平面図で高、低壁面部と頂点（2）と土台と仕切りを有する。bは略式なaの左右中央断面での使用図で、高、低壁面部と土台底面（7）と収納した曲面体（8）の状態を示す。高壁面部と対座する低面部位置の上部に欠け所（10）を設けている。欠け所の欠け具合は収納する曲面体の表面に添う形状が望ましい。

cはaの平面図での使用図で、二種類の曲面体の挿入状態を示すが、楕円球体の場合、低壁面部に欠け所を設ける方が固定し易い。その他、肉付け選択箇所（11）に肉付けし土台の上面を凹み状にする等で、より固定を安全に完全にできるようにしていく。

b、cで使い方を説明する。

楕円球体を欠け所に預けて載せる場合と、横たえて固定する点が異なる。楕円球体の底面側が欠け所に載る場合、本願の内部に安定させて置くために必然的に楕円球体の長径向きの半分以下の個室内部にくる最後の位置辺りを預け添わせることになる。欠け所に載せた時、楕円球体の長径側端部は壁面部の厚みや形状によっては少しはみ出すことになる。

この欠け所は【0009】での低壁面部が凹み状に離れている凹み状の場合とは性質は異なる。凹み状の目的は、つまみ上げる時に、二本の指を差し込むためのものなので二箇所必要であり、個室の二箇所の側面部ないしは仕切りに設けるものである。欠け所は一つの鶏卵の尾部を載せるもので、それぞれの個室での低壁面部の一箇所に、上部から下部に向けて設けるものである。

意見書

【意見の内容】

A・審査官の認定

1.（進歩性）この出願は、下記の請求項に係る発明は、その出願（優先日）前に、日本国内又は外国において、頒布された下記の刊行物に記載された発明又は電気通信回線を通じて公衆に利用可能となった発明に基づいて、その出願（優先日）前にその発明の属する技術の分野における通常の知識を有する者（以下「当業者」という。）が容易に発明をすることができたものであるから、特許法第29条第2項の規定により特許を受けることができない。

2．（明確性）この出願は、特許請求の範囲の記載が下記の点で、特許法第36条第6項第2号に規定する要件を満たしていない。

●理由1（進歩性）について
当事者が容易に発明することができたものである。

●理由2（明確性）について
ア　ミックス形状、ミックス形状に設けた仕切りが不明確であり、また一枚以上の仕切りと前記高壁面部とを兼用し合ってとの様態が特定できていないため、不明確である。
イ　放射状長径半分以下の任意の位置がどのようなことを特定しているのか不明確である。

B・出願人の対応
補正の示唆に従って、元請求項1と元請求項2を請求項1として纏めて対応しました。
説明不足と指摘された欠け所については、前回の令和2年11月30日提出の手続き補正書の【0010】に説明し、使い方についても触れていると思われます。

本願は以上のことから、拒絶査定を抹消できたと存じます。よって、本願は拒絶査定を有するものではなく、本願に対して、登録査定の判断を頂きたいと存じます。

むすび
拒絶査定の要点を解消すべく補正書を提出したので、本願は特許されるべきである。

手続補正書

【手続補正1】
【補正対象書類名】　特許請求の範囲
【補正対象項目名】　全文
【補正方法】　変更
【補正の内容】
【書類名】　特許請求の範囲
【請求項1】

多角形の土台上に、頂上線を緩やかに有した一箇所の高壁面部と、一箇所以上の前記高壁面部より頂上位置が低い低壁面部を有し、土台底面の水平方向に対して、前記高壁面部の芯方向は垂直に近い方向で立ち、前記低壁面部側は上方外側に向け垂直以上で立ち、前記高壁面部を端部か中心に置いて、前記高壁面部の面方向に対して並列、縦列して、対称に、放射状に設けた一枚以上の仕切りを設け、そのうち一枚の仕切りを前記高壁面部として兼用して、四面部を有する個室が二箇所以上配列し、前記個室に楕円球体を収納し、前記楕円球体の底側表面を預けて載せられる形状と大きさの欠け所を、個室のそれぞれの低壁面部の角部側に、前記低壁面部の上部から下部に向けて設けたことを特徴とする、曲面体固定容器。

おわりに

育ち方に問題があり、私の子ども時代の脳内にきちんとした人間用ルールが作られなかった。正しい道を歩きたいのに、周りの大人たちはちぐはぐなことを言うので、選択が苦しかった。同じ大人でも、別次元に住んで同じ言葉でも意味に違いがあることなど、わかりようがなかったから。

何が真理なのかを一人で探りながら生きるしかなかったが、初めて教師という存在を知ったとき、道が開けた気がした。その頃は周りの大人の誰よりも、教師が一番頼りにできる存在だった。教師が最高の職業と思いその仕事を選んだが、だからといって自分が教師に向いていると は限らない、不安を抱えている人間が人を教育できるはずはなかった。

人生の後半に発明に辿り着いたが、私がすがりつくには十分な魅力を持った分野だった。

大人になったからといって、周囲のちぐはぐさは種類が変わりながら残り続け、千差万別な答えが絡まり、研ぎ澄まされた答えを捕まえたい心弱き単細胞人間にとって、この世は苦痛な雑雑たる魑魅魍魎な空間。

しかし遠い向こうに必ず輝く一点はあって、望みを捨てなくてもよいとは願う。生きることとは真理の追求、すなわち、私にとっては発明がその手段だ。誤魔化しがあれば、機械として成り立たず、目的の機能を有するはずもない。このすがすがしさに私は救われる。真理は天に真っ直ぐ突きさす、鋼。

売れる商品を持つ仲間の中には、「私を通しなさい」と上役から言われたり、相手の会社組織から販売する形の書類を作られて、盗み取りを企てられていたり、という経験をした人たちもいる。綿くず、臭いゴミは出るものなのか。これも真理か？

火星探査機は着陸に成功したそうだ。人間のほうはワープして20分で到着することができ、火星でも暮らしているという噂。そんな噂も出る時代だからなおさら言われそうだ。「小さな指先細工程度を作っているくらいで、真理を語るな」。同感。

シルバーになっても、人それぞれ、懸命に上を向いて、生き方、自分の活かし方を探り続けている。やり方としては、ある面、滑稽で、ある面、物悲しく、無意味な場所で無駄にエネルギーを消費しているかに見える。自分こそ、その最たる者かもしれない。

有益とは何ぞや、無駄とは何ぞや、お金を生まなければ無駄ならば、私はなんて多くの無駄なエネルギーを費やしてきたことだろうか。

２０２４年６月

岡野戸仁

＜著者紹介＞

岡野戸仁（おかの・とじん）

一般社団法人 発明学会会員。岡山大学教育学部特設美術科卒業後、教員・講師・記者・事務職を経て現在、「★アイデア星」代表。

特許取得《とっきょしゅとく》の体当《たいあ》たり体験記《たいけんき》

2024年9月30日　第1刷発行

著　者　岡野戸仁《おかのとじん》
発行者　落合英秋
発行所　株式会社 日本地域社会研究所
〒167-0043　東京都杉並区上荻1-25-1
TEL　(03) 5397-1231（代表）
FAX　(03) 5397-1237
メールアドレス　tps@n-chiken.com
ホームページ　http://www.n-chiken.com
郵便振替口座　00150-1-41143
印刷所　中央精版印刷株式会社

ISBN978-4-89022-303-9